Pour devenir qui je suis

SAM ZIRAH

POUR DEVENIR QUI JE SUIS

RÉCIT

&H

HARPERCOLLINS FRANCE
83-85, boulevard Vincent-Auriol, 75646 PARIS CEDEX 13.
www.harlequin.fr

ISBN 978-2-2804-1968-0 — ISSN 2271-0256

Je dédie ce livre à toutes celles et tous ceux
qui se sont sentis ou se sentent différents,
mais qui ne sont pas indifférents.

On ne devrait écrire des livres que pour y dire des choses qu'on n'oserait confier à personne.

EMIL CIORAN

Introduction

Je suis un garçon qui me pose beaucoup trop de questions, et ce n'est pas un hasard si « poser des questions » est devenu mon métier. Mais interroger les autres est toujours plus facile que de s'interroger soi. Lorsqu'on est confronté à soi-même, on se heurte à des questionnements que l'on préfère laisser sans réponse.

Sans doute vous demandez-vous pourquoi j'écris un livre, et vous avez raison. De ma part, ce n'est pas un geste anodin, loin de là.

Voilà ce que je peux vous dire : ce livre, c'est d'abord une réponse sincère à toutes les questions que je me pose depuis que je suis né.

Trop longtemps, je me suis menti à moi-même, et je souhaite que cela cesse définitivement. Désormais, je ne veux plus avoir peur de la vérité. J'ai besoin de voir cette vérité écrite noir sur blanc, et j'ai besoin que vous la connaissiez, pour qu'elle existe et qu'elle perdure. Une fois que j'aurai dit ce que j'ai à vous dire, il n'y aura plus, pour moi, de retour en arrière possible.

Partager ma vérité avec vous, c'est une façon de prendre un engagement envers vous, et vis-à-vis de moi-même.

Écrire ce livre, c'est me jeter à l'eau, dans le grand bain de la vérité.

J'espère de tout mon cœur que mes mots vous permettront de mieux me comprendre, mais aussi de mieux vous comprendre. Car je suis sûr d'une chose : c'est en explorant la vie des autres qu'on en découvre souvent le plus sur soi.

Si vous tenez ce livre entre vos mains, c'est sans doute parce que l'univers que j'ai créé sur Youtube ne vous est pas inconnu. Avec la création de ma chaîne « Sam Zirah », je me suis transformé, à mon insu, en témoin privilégié d'un milieu aussi fascinant que pervers. J'ai évolué dans les coulisses d'un monde qui capte l'attention de millions de gens. Pour détourner les mots du journaliste-blogueur de mode Loïc Prigent, que j'admire pour la qualité de ses documentaires, « j'adore la téléréalité, mais c'est en même temps tout ce que je déteste ».

Je me suis donc immergé dans les profondeurs d'un business juteux et sans scrupules, qui n'hésite pas à nous abuser et qui instrumentalise rêves et doutes pour asseoir son influence sur nos esprits.

Pour devenir qui je suis

Ce que j'étais, ce que je suis devenu et ce que j'ai découvert, je souhaite le porter à votre connaissance, parce qu'il n'y a aucune honte à témoigner de ce que l'on observe, particulièrement lorsque ces choses portent atteinte à la morale.

Je souhaite que, lorsque vous refermerez ce livre, il y ait pour vous, comme pour moi, un avant et un après.

I

HISTOIRE DE MES HONTES

1

Trouver ma vérité

Le courage, c'est de chercher la vérité et de la dire.

JEAN JAURÈS

J'étouffe. Ce n'est pas nouveau. J'étouffe depuis longtemps. À vrai dire, cette sensation ne m'a peut-être jamais quitté, et avec le temps, elle m'est devenue familière, à un point tel que je n'imaginais pas qu'il soit possible de vivre sans.

Ce poids qui pèse sur ma poitrine, quotidiennement, depuis l'enfance, je souhaite aujourd'hui m'en libérer.

Je veux respirer.

Je veux parler.

Je ne veux plus avoir peur de dire les choses telles qu'elles sont.

La vérité : voilà ce que je désire, aujourd'hui, plus que tout.

Travailler dans le milieu du divertissement et de la téléréalité m'a appris une chose essentielle : il est très facile de faire mentir les images. Ainsi, depuis le lancement de ma chaîne Youtube, j'ai montré de moi une image qui ne correspondait pas à celui que je suis vraiment. Une image qui ne me ressemble pas, et dans laquelle je ne me reconnais plus.

Je vous ai menti.

Mais plus grave encore, je me suis menti à moi-même.

J'ai cru qu'en me taisant, en ne donnant jamais mon opinion, je remplissais mon devoir de « journaliste », et j'avais tort. La vérité, c'est que je me réfugiais derrière la peur.

La peur de déplaire aux services de presse, aux boîtes de production, aux chaînes de télévision, à l'ensemble de la machine bien huilée de cette industrie[1].

1. Afin que vous ne soyez pas perdus, voici une petite explication de son fonctionnement : une boîte de production est une société dont le but est de fabriquer des programmes innovants susceptibles de plaire au public. Son objectif est de vendre ces programmes à un diffuseur, autrement dit à une chaîne de télévision. Le diffuseur, s'il croit au projet, en achète les droits de diffusion et le programme ensuite sur sa chaîne. Pour se financer, le diffuseur a besoin d'annonceurs, c'est-à-dire de publicités. Plus l'audience estimée est forte, plus le tarif de l'espace publicitaire vendu par le diffuseur est élevé.

La peur, aussi, de ne pas tenir mon pari, celui d'une réussite professionnelle flamboyante, coûte que coûte.

La peur de l'échec, tout simplement, même si j'apprendrai par la suite que l'échec n'est pas un ennemi, mais l'une des clés du succès.

J'ai donc agi par peur des représailles, et j'ai fini par faire des choses dont je ne suis pas fier aujourd'hui, des choses dont je ne me serais jamais cru capable. J'ai obéi à des gens à qui je n'aurais pas dû obéir, j'ai fait plaisir à des personnes qui ne le méritaient pas, j'ai fermé ma gueule alors que j'aurais dû l'ouvrir, et ce alors même que je suis né avec un sens profond de la justice et de la rébellion.

Ainsi, au fur et à mesure, je suis devenu quelqu'un d'autre : j'ai trahi les rêves de l'enfant qui sommeille encore au fond de moi.

Mon rêve, c'était de réussir, quel que soit le domaine. Je voulais prendre ma revanche sur tous ceux qui m'ont fait croire que je devrais avoir honte de moi. Ce que je désirais, c'était être enfin fier de ce que je suis.

Lorsque ma chaîne Youtube a commencé à cartonner, je pensais que c'était le début du bonheur, et croyais naïvement que mes problèmes de confiance en moi allaient enfin se résoudre.

Malheureusement, je me trompais : la honte ne disparaît pas, elle est inscrite en vous, à jamais.

Avec le recul, je pense que j'ai consacré une partie de ma vie à essayer d'effacer cette honte qui me hante encore aujourd'hui.

« Dans la vie, si tu veux créer quelque chose, fais l'inverse de ce qui se fait. » Ce conseil de mon père, j'ai toujours veillé à l'appliquer à la lettre. Lorsque j'ai réfléchi au concept de mon émission *En toute intimité*, j'avais conscience que la thématique de la téléréalité n'était pas novatrice. En revanche, le traitement que j'en proposais prenait le contre-pied de ce qui se faisait à l'époque. Je faisais le pari d'un entretien bienveillant, dans une ambiance feutrée et propice à l'épanouissement de la parole de mon invité. Dans mon émission, le « trash » et le « putassier » n'auraient pas leur place : c'était peut-être ça, la vraie nouveauté.

Or, ces bonnes intentions et cet espoir de proposer un éclairage différent sur un univers souvent décrié n'ont pas tenu longtemps. Très vite, j'ai compris que les producteurs d'émissions, les diffuseurs et leurs services de presse avaient la mainmise sur tous ceux qui parlaient de téléréalité. Leur but :

conserver la prétendue respectabilité de leurs programmes dits « familiaux ».

Aussi, dès le départ, mon travail a été soumis au contrôle et à la censure. Lorsqu'un candidat tenait chez moi des propos qui pouvaient s'avérer compromettants pour la production, je recevais immédiatement un coup de téléphone, pour que la séquence soit effacée.

J'obéissais parfois, souvent.

À la fin, je ressentais, de la part de tous mes interlocuteurs, une pression si insidieuse que je m'autocensurais. Malgré moi, je suis devenu leur chose, et je me suis plié à leur technique bien rodée d'intimidation.

Le pire, c'est que je n'y voyais que du feu. La peur de perdre tout ce pour quoi je m'étais battu faisait écran au reste. J'étais dans le déni le plus complet.

Aujourd'hui, je ne veux plus me voiler la face. Je veux me confronter à la réalité, briser le silence, vous dire la vérité.

Toute mon existence, j'ai cru que mon histoire personnelle n'avait aucun intérêt. J'ai passé ma vie à relativiser chacune de mes blessures, chacune de mes émotions, chacune de mes hontes. Jamais je n'ai osé admettre que j'avais pu traverser des épreuves difficiles. En me comparant aux autres, et notamment à mes invités, je voyais bien que j'avais mené une existence de privilégié. Après tout, dans ma famille, je n'ai jamais manqué de rien, pas même d'amour.

Ma tristesse, au lieu de m'autoriser à la ressentir, je l'ai noyée dans le travail. Toute ma vie, j'ai travaillé, sans relâche, en me persuadant que tout allait bien, pour ne pas penser au silence qui pourtant me rongeait, pour étouffer la vérité – ma vérité.

J'ai appris à incarner à la perfection un « personnage public » au détriment de celui que je suis vraiment. Qui est ce personnage ? Eh bien, c'est celui que vous voyez sur mes vidéos. Le Sam sympa, joyeux, ouvert, obligé de se taire sous peine de voir son monde s'écrouler.

Aujourd'hui, ce personnage m'épuise et celui qui, en moi, a toujours été réduit au silence exprime le besoin de vous parler.

À l'origine de ce silence, il y a la honte. Cette honte s'est enracinée en moi depuis le plus jeune âge. Elle a grandi en moi, comme un arbre dont je taillais parfois les branches envahissantes. Mais élaguer ne sert à rien, car les racines sont profondes, infinies.

Pour devenir qui je suis

La honte est indéracinable.

Faire comme si elle n'existait pas est inutile. Alors, il faut apprendre à vivre avec.

À vivre, tout simplement.

Et pour cela, il y a une seule condition : arrêter de se mentir.

Aussi paradoxal que cela puisse paraître, c'est en m'égarant dans le « temple du mensonge organisé » de la téléréalité, que j'ai compris la valeur et la beauté fragile de la vérité.

Et c'est ici, avec vous, que l'histoire de ma vérité commence.

2

Un garçon à part

Être différent n'est ni une bonne ni une mauvaise chose. Cela signifie simplement que vous êtes suffisamment courageux pour être vous-même.

ALBERT CAMUS

On m'a toujours fait sentir que j'étais « différent ». J'ai grandi avec le sentiment que je n'étais pas tout à fait comme les autres petits garçons. Je pense que cela explique la profonde anxiété qui me tourmente depuis toujours.

Je me souviens avec intensité d'une époque et d'un lieu où ce sentiment n'existait pas encore, où la vie était synonyme de plénitude, de bonheur absolu.

Pour moi, ce bonheur a un parfum, celui du

corps de ma mère, Muriel, lorsqu'elle me tient serré contre elle, quelques jours après ma naissance. Je l'entends qui me parle tout doucement, et je ressens la vibration rassurante de sa voix à travers sa poitrine, contre ma tête. Il me suffit de fermer les yeux pour avoir l'impression de remonter le temps et renouer avec ces sensations si plaisantes de nourrisson.

J'ai aussi le souvenir des bras de mon père, Joseph, transportant mon corps endormi du salon de notre maison jusqu'à ma chambre, en me chantant une berceuse.

Puis, fatalement, j'ai grandi.

J'ai quitté leurs bras, la caresse de leurs regards et de leur voix, leur amour inconditionnel, et j'ai fait la connaissance des autres et de leurs jugements.

Il faut croire que le paradis ne dure qu'un temps...

Je suis né le 6 février 1987 à la clinique Saint-Roch de Montpellier. C'est la première fois que je révèle ma date de naissance. Pendant des années, j'ai menti sur mon âge. Il a longtemps été hors de question que je dépasse officiellement les vingt-cinq ans, ce qui sonnait déjà bien trop vieux à mes yeux. Alors j'ai camouflé, d'année en année, et ce jusque sur le tapis de course de mon club de sport sur lequel on doit renseigner âge et poids. Quel âge avais-je ? Vingt-cinq ans bien sûr – pour toute la vie. Ce mensonge, aussi anodin soit-il, s'inscrit dans une longue liste qui va désormais se dérouler sous vos yeux.

Le jour de ma naissance était un vendredi, juste avant shabbat, et pour cette raison, ma grand-mère paternelle, Suzanne Zirah, avait prédit que je serais rabbin. J'ignore à quel moment elle s'est rendu compte de son manque de clairvoyance…

Ce jour-là, il neigeait terriblement et la France traversait l'un de ses hivers les plus rigoureux. Sur la route de l'hôpital, un camion poubelle ralentissait la circulation. Mon père, discret et n'aimant pas faire de vagues, au volant de sa voiture, avec à ses côtés ma mère sur le point d'accoucher, rongeait son frein, n'osant demander au camion de les laisser passer. Ils ont attendu, patiemment. Peut-être est-ce pour cette raison que je suis sorti si rapidement du ventre de ma mère (en trois poussées seulement !) : il fallait que je vois le monde !

J'étais un bébé trop gros, trop grand : quatre kilos sept et cinquante-sept centimètres, à tel point que ma mère a dû rester alitée pendant plusieurs semaines.

Très tôt, j'ai développé une attirance pour l'univers féminin, que j'associe à l'odeur du rouge à lèvres de ma mère, une odeur qui m'enivre encore aujourd'hui. Petit, en cachette, puis avec sa complicité, j'appliquais ce bâton coloré et parfumé, avec précaution, sur mes lèvres. Il m'arrivait également de me déguiser en fille avec les vêtements de ma sœur ou de ma maman.

Ce que je viens de raconter est sans doute assez commun. Se déguiser en fille, beaucoup de petits garçons l'ont fait. Et inversement. Pourtant, c'est longtemps resté pour moi un sujet tabou, un secret qui me faisait froid dans le dos, que je m'étais juré d'emporter dans ma tombe, et dont je n'ai jamais reparlé ni à ma mère, ni à quiconque.

Désormais, je comprends qu'il n'y avait aucun mal à ce que je me déguise en fille. Je n'étais qu'un petit garçon qui se livrait, en toute innocence, à l'exploration de son identité. Le déguisement était un jeu qui m'aidait à me plonger dans un monde imaginaire et qui me permettait de grandir. Et pourtant, à l'époque, j'avais conscience d'enfreindre un interdit : je faisais des choses qui, soi-disant, ne se font pas quand on est un garçon.

À quel moment remonte cette prise de conscience ?

Un jour, j'ai surpris mes parents en pleine dispute. Je me suis blotti derrière la porte de la cuisine pour écouter ce qu'ils disaient. Ils parlaient de moi. Mon père répétait à ma mère que ce n'était pas normal que je me déguise en fille et qu'il fallait que cela cesse.

Je pense que c'est ce jour-là que la honte s'est enracinée en moi, et que j'ai compris que pour faire ce qui me plaisait il fallait impérativement que je me cache : il fallait que je mente.

Je n'ai pas cessé de me déguiser jusqu'à mes six ou sept ans. Le désir était plus fort que l'interdit, et l'interdit ne faisait qu'exacerber le désir. Je n'ai pas non plus cessé de demander des Barbie à Noël. Un accord avait été passé entre mes parents. Je pouvais en recevoir à la seule condition que la famille de mon père ne soit pas au courant.

Pourtant, à chaque Noël (que nous célébrions en cachette de mes grands-parents juifs, très pratiquants), j'avais toujours l'appréhension de ne pas trouver la célèbre poupée Mattel au pied du sapin…

Je me souviens que, une fois le papier déchiré et la boîte en carton ouverte, je respirais l'odeur de plastique du petit corps de la poupée. Cette odeur me faisait frissonner de plaisir.

Évidemment, il était difficile de faire abstraction de l'attitude de mon père, dont la gêne était perceptible. Je sentais qu'il était déçu de me voir préférer les jouets de filles, et qu'il se retenait de l'exprimer ouvertement.

Ma joie avait donc un prix : le regard déçu de mon papa. Quelle sensation étrange, de voir sa joie mêlée à la culpabilité…

Depuis les petites classes, j'ai toujours joué avec les filles. Très tôt, dès le début de l'école primaire, cela a fait de moi l'objet des pires méchancetés de la part des « vrais garçons », ceux qui jouaient au foot, se battaient et fanfaronnaient dans la cour de récré. Le monde des garçons m'était hostile et je faisais tout pour le fuir, mais dans certaines situations c'était impossible.

Les séances à la piscine étaient l'un des moments de la vie scolaire que j'appréhendais le plus. Lorsque j'entrais dans les vestiaires, je m'installais dans un coin afin de ne pas attirer l'attention sur moi. Immanquablement, un camarade me pointait du doigt en me disant que je n'avais rien à faire là, que ma place était dans le vestiaire des filles, que je n'avais pas de zizi…

Ils m'insultaient, m'humiliaient.

Et moi, je me taisais : le silence était ma seule arme.

Les larmes, je les réservais pour la maison,

lorsque j'étais enfin seul, dans ma chambre, et ces larmes avaient le goût du chlore.

L'école était un enfer. Aujourd'hui encore, lorsque j'entends l'écho lointain d'une cour de récréation, je renoue avec l'appréhension qui a été la mienne durant toute ma scolarité.

Pendant très longtemps, dès que je passais le portail de l'école, je rasais les murs jusqu'à la salle de classe, tête baissée. Je faisais tout pour que l'on ne me voie pas. L'institutrice donnait cours, puis venait le temps de la récréation. Je surveillais l'horloge au-dessus du tableau, mon cœur battait de plus en plus vite, et lorsque la cloche sonnait, je me préparais à vivre un calvaire. On me bousculait, me donnait des coups de tête, me jetait des cailloux… Puis, la cloche sonnait de nouveau, nous retournions en classe, et s'ouvrait alors une période de sursis.

Le harcèlement dont j'ai fait l'objet me semblait tout à fait normal et légitime. Après tout, ils avaient raison, je n'étais pas comme eux. Alors, je me soumettais pleinement à une violence que je croyais inévitable et, d'une certaine façon, méritée. J'acceptais mon rôle de bouc émissaire.

Ce n'est peut-être pas un hasard si l'école a été le théâtre d'un de mes plus grands maux.

J'étais en CE1 et c'était en plein contrôle de maths. Assis au fond de la classe, j'ai été envahi par une immense fatigue, et je me suis allongé sur mon bureau. Puis, ma mâchoire s'est bloquée. J'étais tétanisé. J'ai commencé à convulser, à ne plus pouvoir respirer. Autour de moi se sont élevés des rires. Je les entendais de loin, comme si quelqu'un avait bouché mes oreilles. Personne ne comprenait ce qui était en train de se passer. La maîtresse m'a emmené aux toilettes et m'a passé de l'eau sur le visage. La caresse froide de l'eau est la dernière chose dont je me souviens avant d'avoir perdu connaissance.

C'est suite à cet épisode que j'ai été diagnostiqué épileptique. Aux angoisses habituelles sont venues se greffer celles liées à la maladie. Les médecins avaient mis mes parents en garde contre l'effet des écrans. Je ne pouvais plus regarder la télévision sans l'appréhension que cela ne débouche sur une crise. Je craignais aussi les trajets en voiture au cours desquels, plusieurs fois, j'avais été malade.

Pendant des années, j'ai suivi un traitement très lourd, qui s'est avéré avoir des effets secondaires sérieux, notamment sur la mémoire et sur la capacité à se concentrer. Or, il se trouve qu'à l'école je n'ai jamais eu de très bonnes notes, et je pense que ce traitement, sur une longue durée, n'a pas facilité mon combat pour surmonter mes difficultés scolaires.

J'ai toujours été un élève sage, sérieux, volontaire, n'hésitant jamais à participer en classe, même si je savais que cela m'exposait aux sarcasmes de certains élèves. J'étais déterminé à réussir et personne ne pourrait m'en empêcher. Très vite, j'ai compris qu'il me fallait travailler quatre fois plus que les autres pour obtenir des résultats corrects. Pendant toute ma scolarité, je me suis battu avec la moyenne. C'était toujours de justesse que je passais dans la classe supérieure. Redoubler était ma plus grande hantise, car cela n'aurait fait que prolonger un peu plus mon calvaire au sein de l'institution scolaire. D'ailleurs, à mon entrée au collège, j'avais décidé que je n'irais pas au-delà de la troisième : penser à ce qui pouvait m'attendre au lycée me donnait des sueurs froides.

Le lycée, c'était l'inconnu, et mon expérience passée m'avait appris que l'inconnu ne réservait jamais rien de bon : en primaire, j'avais souffert, certes ; mais, après mon passage en sixième, je me suis rendu compte que ce que j'avais vécu jusque-là n'était que l'antichambre de l'enfer.

Heureusement, ma maladie adoucissait les

comportements de certains. Personne, pas même le pire des tortionnaires, n'était assez idiot pour se risquer à me déclencher une crise d'épilepsie – quoique… Ma maladie, étrangement, a été comme une arme entre moi et ceux qui me brutalisaient, la seule dont je disposais à l'époque, même si son efficacité était, tout compte fait, assez limitée.

Pourquoi, dans la vie d'un individu, l'école est-elle souvent un lieu d'une si grande violence ? Eh bien, c'est parce que l'on n'y tolère pas le moindre écart à la « norme ». À l'école, garçons et filles doivent se conformer à ce que l'on attend d'eux. Il est attendu de chacun qu'il joue son rôle, qu'il corresponde aux stéréotypes de genre liés à son sexe de naissance. Un garçon doit jouer les durs, être grossier, brutaliser les filles, préférer le foot aux Barbie, le bleu au rose, la bagarre au dessin. Une fille, elle, se doit d'être tout le contraire.

Le monde des garçons et celui des filles sont donc séparés par une frontière invisible. Quiconque franchit cette ligne de démarcation se voit aussitôt rappelé à l'ordre.

La première forme de rappel à l'ordre dont j'ai fait l'expérience a été l'insulte, une insulte que vous connaissez tous, encore si répandue et utilisée à tout va : « PD ».

Connaissez-vous vraiment le sens de ce mot ? Voici la définition qu'en donne le lexique dressé par SOS Homophobie : « Selon le dictionnaire Larousse, PD (pédé) est une abréviation du mot "pédéraste". Tout comme "pédéraste", PD (pédé) désigne l'attirance d'un homme adulte pour un garçon plus jeune, généralement un adolescent. À ce titre, il s'agit d'une insulte homophobe basée sur l'amalgame entre l'homosexualité masculine et la pédophilie.[1] » Un terme détourné, donc, et utilisé à tout bout de champ par des individus qui ne maîtrisent pas le sens exact des mots qu'ils emploient.

Cette insulte que l'on vous crache en pleine figure dès le plus jeune âge vous enferme aussitôt dans une case dont il est difficile de sortir par la suite.

Très tôt, j'ai su que j'éprouvais du désir pour les garçons.

Très tôt, j'ai su que je ne pourrais le dire à personne.

Très tôt, j'ai su que, pour une raison qui m'échappait, cela devait être marqué sur ma figure, inscrit dans ma démarche et dans les inflexions de ma voix.

1. Voir : https ://www.sos-homophobie.org/definition-pede-pd-les-insultes-homophobes

Sam Zirah

Très tôt, on m'a appris à détester celui que j'étais.

Très tôt, à mon insu, j'ai intériorisé l'homophobie latente.

Mais on n'échappe pas à la haine. Elle s'insinue partout, malgré nous : elle est dans l'air que l'on respire.

Il a fallu que j'attende d'avoir mon premier copain pour enfin briser le silence sur ma sexualité.

La première personne à qui je l'ai annoncé était ma sœur Sabrina. J'avais à peine dix-huit ans. Nous étions assis devant la télévision. J'étais angoissé, mais galvanisé par l'envie d'en finir avec mon mutisme. J'ai commencé par lui dire que j'étais amoureux. J'ai ensuite précisé que c'était d'un garçon. Ma sœur, aussitôt, tout naturellement, m'a fait part de son envie de le rencontrer. Elle m'a aussi proposé d'en parler à ma mère, et j'ai accepté. Cette dernière, dont j'ai toujours été proche, l'a heureusement très bien pris, elle aussi. À ses yeux, seul mon bonheur compte.

Tout s'est donc bien passé, pas de quoi en faire une histoire.

Aujourd'hui, je mesure ma chance d'avoir été ainsi accepté. Cette chance, d'autres ne l'ont malheureusement pas eue.

Pourtant, vivre mon homosexualité au grand

jour, briser cet inavouable secret, a provoqué en moi un séisme dont j'ai longtemps sous-estimé l'ampleur. Pour certains, sortir du placard est vécu comme une libération totale. Pour d'autres, c'est un peu plus compliqué. La honte accumulée ne disparaît pas comme ça, en un claquement de doigts.

Depuis toujours, je me préparais psychologiquement à vivre la vie d'un hétérosexuel. À la préadolescence, lorsque j'ai eu la confirmation que les filles ne me faisaient aucun effet, je me suis dit : ne laisse pas tes « penchants » t'empêcher de te marier avec une femme et d'avoir des enfants. J'envisageais déjà les difficultés que risquait de me poser cette vie future. Je m'imaginais devoir mentir à ma femme pour pouvoir rejoindre mes amants. J'imaginais sa souffrance, la mienne, celle de mes enfants. L'histoire semblait écrite d'avance et c'était une histoire construite autour d'un mensonge.

Lorsque ma mère a su que j'étais gay et que j'ai compris que je n'avais plus besoin de mentir, l'idée sur laquelle s'était bâtie ma vie future s'est volatilisée ! Sans le mensonge, je me trouvais désormais incapable de prédire ce que l'avenir pouvait me réserver, et c'était terriblement angoissant.

Il faut croire qu'à mon insu j'avais trouvé un certain confort dans ce mensonge. Il est parfois plus facile de continuer à se mentir que de se confronter à la vérité.

C'est ma mère qui a annoncé mon homosexualité à mon père. Je refusais de lui en parler moi-même. D'ailleurs, ma sexualité est un sujet que nous n'avons jamais véritablement abordé ensemble. Comme beaucoup d'autres sujets, il reste tabou.

Lorsque je rends visite à mes parents avec mon compagnon, et que nous nous trouvons en présence de personnes extérieures à la famille, j'ai observé que mon père éprouvait parfois de la difficulté à le présenter autrement que comme « un ami de son fils ». Pourtant, il sait bien que ce garçon, pour lequel il a lui-même beaucoup d'affection, est bien plus qu'un ami.

Or, je sais qu'il n'emploierait jamais ce doux euphémisme pour parler du mari de sa fille. Cela masque peut-être son malaise face à une situation qui lui échappe. Après tout, ce n'est pas de sa faute, puisque nous n'en avons jamais parlé ensemble. Par ailleurs, par la force du destin, la communication entre nous n'a jamais été une évidence, puisque mon père souffre de surdité profonde depuis l'âge de deux ans. En tout cas, je pense que cette difficulté à parler exprime l'impossibilité qu'il peut y avoir, parfois, à poser des mots sur une réalité. Dans notre famille, comme dans la vie en général, certains mots font mal…

Aujourd'hui, je me demande à quoi tient une sexualité épanouie lorsque l'on est gay. Que faire pour que les jeunes homosexuels s'acceptent et ne vivent pas leur différence comme une « erreur de la nature » ? Comment faire pour que toutes les formes de sexualité puissent être vécues dans la joie, et non plus dans la souffrance ? On dit que les temps changent. Pourtant, encore à l'heure actuelle, c'est chez les jeunes LGBTQ[1] que l'on retrouve le taux le plus élevé de tentatives de suicide. Pourquoi le destin des homosexuels est-il encore si souvent lié à la mort ?

À l'âge de sept ans, je me rêvais styliste, dessinais mes collections sur des feuilles A4, créais des robes en assemblant les draps du lit, inventant un costume en papier journal inspiré d'un modèle de John Galliano. Lorsque j'ai entendu dire que tous les stylistes étaient pédés, mon premier rêve de petit garçon a implosé.

Pour moi, l'homosexualité était comme une

1. Le sigle LGBTQ sert à désigner les différents courants des communautés lesbienne, gay, bisexuelle, transgenre et queer.

maladie mortelle, quelque chose qui s'attrapait à la manière d'un virus. D'ailleurs, les rares fois où j'entendais le mot « homosexuel », c'était aux informations lors de sujets d'actualité souvent consacrés au sida. Même dans les films, le personnage de l'homosexuel me semblait condamné à un destin funeste. Je pense par exemple à *Philadelphia* avec Tom Hanks, dans lequel il joue le rôle d'un homme viré de son travail parce qu'il est séropositif. Ce film, je me souviens avoir entendu des cousines en parler, et cela m'avait fait froid dans le dos.

Jamais je n'ai osé le regarder. J'avais trop peur de me reconnaître, par certains aspects, dans le personnage principal. Ainsi, j'évitais tous les films qui semblaient aborder, de près ou de loin, le sujet de l'homosexualité – de toute façon, force est de constater qu'à mon époque il y en avait encore très peu, et que voir deux hommes s'embrasser à la télévision ou sur un écran de cinéma était, en soi, une sorte d'événement qui faisait encore grincer beaucoup de dents – y compris les miennes.

Ce qui m'étonne aujourd'hui, c'est que je n'étais absolument pas en quête de « modèles » ou de supports d'identification. J'avais la phobie de tout ce qui pouvait évoquer une réalité qui me concernait. L'homosexuel était comme une silhouette tapie dans l'obscurité. J'imaginais un monstre, alors qu'il m'aurait suffi d'allumer la lumière pour découvrir que le visage de celui que je craignais tant n'avait, au final, rien d'effrayant.

Je faisais de l'homosexualité un drame.

Pour que ce drame dans lequel je me suis enfermé ne soit plus vécu par d'autres, je suis convaincu qu'il est essentiel que toutes les communautés soient représentées sur petit et grand écran, et que la diversité ne soit plus montrée comme quelque chose de « rare » mais de tout à fait « normal ».

Concernant l'exemple de la téléréalité, je me suis amusé à procéder à un rapide calcul : depuis la naissance de ce genre, il y a dix-neuf ans, on peut compter environ une quinzaine de candidats gays, pour plusieurs milliers de candidats hétéros ! Généralement, le candidat gay sert à tenir le rôle du « bon copain », et à mettre en valeur les histoires d'amour hétérosexuelles des autres candidats.

Aujourd'hui, cette tendance se fait encore plus rare puisque, désormais, la seule ambition de la téléréalité est de montrer les rebondissements, parfois douteux, de la vie de couples hétérosexuels. Dans ce type de scénario, un candidat gay n'aurait-il donc plus sa place, sous prétexte qu'il ne peut coucher avec personne ? Ceci est discutable, et à tout point de vue.

Pour moi, la téléréalité n'aura rien de « réel » tant qu'elle ne sera pas à l'image de ceux qui la regardent. Tant qu'elle ne proposera rien d'autre que des filles et des garçons blancs, hétérosexuels, moulés sur le même modèle.

Tant que les personnes noires, asiatiques, arabes, homosexuelles, transsexuelles, bisexuelles, rondes, grosses, trop maigres ou handicapées seront si peu souvent représentées.

Tant que les valeurs qu'elle promeut seront celles de la misogynie et de l'hétérosexualité triomphante.

Tant qu'y régneront des stéréotypes éculés.

Tant qu'elle ne fera pas confiance aux pouvoirs et à l'intérêt de la diversité.

Mais nous reviendrons sur ces sujets un peu plus tard…

Longtemps avant d'élaborer ce diagnostic, le petit garçon que j'étais ne trouvait aucun écho à ce qu'il vivait, que ce soit à la télévision ou dans son entourage. Je ne pouvais qu'en conclure que les êtres différents n'avaient pas droit de cité, et cette impression était renforcée par mon héritage religieux…

3

Le poids des traditions

Respecter la tradition et oser l'insolence, car l'un ne va pas sans l'autre.
Christian Dior

À l'école, la frontière entre le monde des garçons et celui des filles était implicite.

À la synagogue, cette frontière était nette : les hommes d'un côté, les femmes de l'autre.

Lorsque nous nous y rendions chaque vendredi, avec mon père, nous nous installions dans une salle richement décorée, sur de grands sièges en bois ressemblant à de petits trônes, tandis que ma mère et les autres femmes prenaient place dans un réduit dénué de tout ornement, où s'alignaient des chaises de jardin. Une vitre de séparation leur permettait d'assister à la cérémonie présidée par le rabbin, juché sur une estrade recouverte de moquette rouge.

Les hommes étaient donc accueillis comme des rois.

Les femmes, comme des animaux.

Cela était vrai pour cette synagogue précisément. D'autres sont sans doute aménagées différemment, mais le fait est que les femmes sont séparées des hommes et n'ont pas le meilleur emplacement pour participer aux prières.

Cette différence de traitement me choquait terriblement, mais il n'était pas question de déranger l'ordre établi : les traditions ne se discutent pas, même lorsqu'elles ne font que perpétuer des valeurs misogynes et souvent homophobes. C'est d'ailleurs pour cette raison que j'éprouve tant de méfiance vis-à-vis des religions, quelles qu'elles soient.

Quand j'accompagnais mon père à la synagogue et que je me trouvais encerclé d'hommes, je ressentais une colère sourde à me voir ainsi imposer une loi que je trouvais ridicule. Cependant, je la gardais pour moi, c'était une révolte silencieuse : je n'ouvrais pas la bouche, même lors des prières chantées, durant lesquelles je n'émettais aucun son.

Parfois, cependant, pour faire plaisir à mon père, je bougeais les lèvres en même temps que les autres. Je chantais les prières en play-back.

La synagogue se trouvait à cinq cents mètres de chez mes parents. Jusqu'à mes treize ans, je m'y suis rendu au moins une fois par semaine, pour préparer ma bar-mitsvah[1] et assister au cours de Talmud Torah[2]. J'y allais à reculons, mais je le faisais pour ma mère.

Ma mère n'est pas née juive et, bien que convertie, elle a toujours eu beaucoup de mal à se faire accepter par ses beaux-parents. En effet, pour la famille de mon père, arrivée d'Algérie après l'indépendance en 1962, les valeurs du judaïsme étaient d'une importance capitale. Après les persécutions dont notre peuple a été victime au cours de l'histoire, « être juif » et « rester entre juifs », c'était sans doute, pour eux, une manière de se sentir plus forts...

La conversion de ma mère a duré douze ans. La

1. Cérémonie célébrant le passage à la majorité religieuse chez les garçons juifs.

2. On appelle « Talmud Torah » l'instruction religieuse donnée aux enfants par les rabbins.

religion se transmettant par la mère, mes parents ont dû attendre la validation de cette étape cruciale pour nous avoir, ma sœur et moi.

Pour autant, quoi qu'elle fasse, ma mère était sans arrêt ramenée à son statut de *goye*[1]. Ma grand-mère paternelle, qui savait se rendre aussi adorable que détestable, lui menait une vie impossible. Pourtant, ma mère se soumettait toujours à sa loi. Elle ne voulait ni embarrasser mon père, ni mettre en péril son intégration au sein de leur communauté. Après tout, elle en avait vu d'autres : être conciliante avait toujours été pour elle une question de survie.

Ce qu'il faut savoir, c'est que ma mère n'a pas eu une enfance heureuse. Elle et sa sœur ont été abandonnées à la naissance, puis élevées par leur grand-mère. Leurs parents ont refait leur vie, chacun de leur côté. Les rares fois où ma mère revoyait son père, c'était en présence d'une belle-mère tyrannique qui la maltraitait sous les yeux d'un géniteur faible, lâche et soumis à sa nouvelle épouse.

Ce souci d'être accepté, à tout prix, peut-être l'ai-je hérité d'elle, d'une certaine façon. C'est donc pour elle que j'ai joué la comédie du « bon petit

1. *Goye* : terme par lequel les Juifs désignent les non-Juifs.

juif » jusqu'à ma bar-mitsvah. Dans le judaïsme, cet événement est pour ainsi dire le plus important dans la vie d'un homme, presque plus que le mariage. Il est composé d'une cérémonie religieuse, suivie d'une fête pour laquelle les familles dépensent parfois des sommes astronomiques.

La mienne n'a pas fait exception à la règle. D'un naturel discret et n'aimant pas le luxe, ma mère s'était pourtant mis en tête de m'organiser la bar-mitsvah la plus fastueuse à laquelle ma famille paternelle ait jamais assisté !

À travers moi, je pense qu'elle essayait de prouver à tous ceux qui l'avaient déconsidérée qu'elle avait bel et bien réussi sa conversion, son intégration et sa vie de famille.

Cette soirée a été spectaculaire. Il y avait un orchestre, des fontaines de cocktails, de chocolat et de champagne, une pièce montée monumentale représentant le Mur des lamentations avec des rabbins en sucre et plus de deux cents invités – la totale !

Sur les photos prises à l'époque, j'ai l'air hagard, triste, un peu bouboule ; un préadolescent engoncé dans un costume au col trop serré.

Passé cet évènement, je n'ai plus jamais remis les pieds dans une synagogue. Néanmoins, je continue de m'interroger sur mon rapport à la judéité, un rapport complexe. Petit, mes parents m'ont toujours demandé de ne jamais porter la kippa dans la rue. Ils justifiaient cette précaution en m'expliquant qu'il était inutile d'attirer l'attention sur notre appartenance religieuse, afin d'éviter les réactions de haine que suscite, si souvent, le peuple juif.

« Être juif », pour moi, cela revenait donc, une nouvelle fois, à vivre caché.

« Être juif », c'était un aspect de mon identité qui risquait de me causer des ennuis.

« Être juif », c'était donc une sorte de handicap, une tare.

« Être juif », au fond, ce n'était pas si différent d'« être gay ».

Et pour couronner le tout, j'étais juif, gay et épileptique ! Pendant la Seconde Guerre mondiale, je n'aurais pas donné cher de ma peau…

Depuis l'adolescence, quand on m'interroge sur ma religion, je réponds que mon père est un juif d'Algérie, et ma mère une catholique bordelaise convertie. C'est comme si, spontanément, j'éprouvais le besoin de me justifier sans qu'on me le demande.

Aujourd'hui, je continue de ne revendiquer

aucune appartenance religieuse, je me considère comme agnostique et éprouve une grande réticence vis-à-vis de tout ce qui contribue à nous enfermer dans des cases.

Je me souviens qu'à quelques jours de ma bar-mitsvah, ma sœur Sabrina et moi étions gardés par l'une de mes grandes-tantes, dans notre appartement de la plage, entre Palavas-les-Flots et Carnon. Cette dernière parlait avec exaltation du « Messie », dont elle attendait l'arrivée sur terre avec fébrilité. Selon elle, il permettrait d'éradiquer toute la « vermine » de la surface de la planète : les maladies, les dictateurs, les tueurs en série, etc., sans oublier, évidemment, les homosexuels !

Moi qui, à l'époque, étais dans un rejet complet de ma sexualité, j'en ai eu des sueurs froides pendant bien des années.

Que je le veuille ou non, le poids de ces traditions et de ces croyances a certainement contribué à ma phobie de l'homosexualité. Je crois que la société et le milieu dans lequel on évolue nous conditionnent, malgré nous, à voir les choses d'une certaine façon, nous incitent à adhérer à certaines valeurs, nous poussent à développer certains préjugés.

Nous grandissons dans un monde qui, globalement, nous apprend à suivre un chemin tout tracé, un modèle unique pour réussir sa vie et être heureux.

On n'imagine pas qu'il puisse exister une autre voie, un autre chemin. Or, il suffit de regarder autour de nous pour se rendre compte que ce n'est pas vrai : il existe mille façons d'aimer, mille façons d'être en couple, mille façons de vivre.

La réalité est donc bien plus complexe qu'il n'y paraît, bien plus complexe que ce que nous affirment certaines interprétations de la religion.

En somme, la réalité a plus d'imagination que nous.

En grandissant, ma plus grande hantise était que l'on me demande si j'avais une copine. Heureusement, lorsqu'il arrivait que l'on m'interroge à ce sujet, j'avais une réponse toute faite : j'expliquais que je n'aimais que les Tahitiennes, et qu'il n'y en avait pas dans mon école. Ainsi, je pensais dissiper les soupçons de mon interlocuteur, et le rassurer sur mon hétérosexualité. Tahiti se trouvant à des milliers de kilomètres de Montpellier, je me disais qu'il y avait fort peu de chances que je rencontre un jour la femme de mes rêves, et que je pourrais ainsi rester célibataire jusqu'à la fin de mes jours.

Je jouais, comme je le pouvais, et de façon plus ou moins convaincante, la « comédie de l'hétérosexualité ».

Cette « comédie » est présente partout dans notre société, et particulièrement dans les émissions de téléréalité. Aussi, à force de nous présenter les choses d'une certaine façon, ces choses finissent par avoir l'air désirables. Or, que nous montrent la télévision, les réseaux sociaux, les magazines people et la publicité ?

Des hommes aux muscles saillants et des jeunes femmes aux formes « kardashianesques » !

Des couples hétérosexuels.

Des gens qui vivent dans le luxe.

Des gens célèbres.

Des gens qui incarnent une certaine forme de réussite.

Des gens qui gagnent leur vie en ayant l'air de ne rien faire…

Je vous le dis, et c'est sans doute l'une de mes plus grandes certitudes : n'essayez pas de ressembler aux autres en pensant que cela vous ouvrira des portes et vous rendra plus heureux. Soyez différents, et cultivez votre différence.

Étant enfant, j'ai moi-même voulu me fondre dans la masse, sans doute par instinct de survie. Au bout du compte, le seul moment où j'étais moi-même, c'était quand je pouvais laisser libre cours à mon imagination.

4

L'amour du spectacle

Tout acte de création est d'abord un acte de destruction.

PABLO PICASSO

Je suis né avec le goût du spectacle. Très tôt, j'exprimais déjà mon désir de mettre en scène et de jouer la comédie à travers de véritables shows dont j'orchestrais le déroulement avec autorité.

Les vidéos le prouvent : à quatre ans, j'avais demandé à mon père de filmer une sorte de remake du *Cendrillon* de Disney, dans lequel j'incarnais tous les rôles, avec ma sœur que je dirigeais. On me voit m'adresser à mon père d'une voix déterminée, mon excitation est palpable, je suis dans mon élément : le spectacle.

Organiser des spectacles puis, plus tard, des soirées a été la raison de vivre de toute mon enfance. Plus jeune, l'intégralité de mon argent de poche passait dans l'achat de lumières stroboscopiques, de projecteurs en tout genre, de machines à fumée et de tissus pour fabriquer des costumes.

Pour vous donner un exemple : les 13 000 francs (plus de 2 000 euros aujourd'hui) récoltés pendant ma bar-mitsvah, je les ai investis dans des enceintes géantes et des platines dignes de celles des plus grandes boîtes de nuit.

À la maison, il existait un lieu où ma créativité était entièrement libre de s'exprimer. Ce lieu, c'était ma salle de jeux, une grande pièce qui, durant plusieurs années, avait abrité les locaux professionnels de mon père avant que son entreprise ne s'agrandisse. Dans cette salle, je conviais mes parents à des shows que j'imaginais grandioses et où je me livrais, notamment, à des imitations de Pavarotti, des 2be3 ou de Florent Pagny, souvent avec ma sœur comme partenaire.

Plus tard, avec mes meilleur(e)s ami(e)s, j'ai créé des girls bands inspirés des Spice Girls ou de Britney Spears, inventé des scénarios de séries et de films à la *Amour, Gloire et Beauté*, que je leur faisais tourner le week-end, avec la conviction naïve que je monterais un jour les marches du Festival de Cannes. En fait, je passais tout mon temps libre à « jouer à travailler ». À onze ans, j'ai inventé une société de production du nom de « ZS Compagny », et je faisais signer à mes amis des contrats en bonne et due forme – ou presque ! Sans même m'en apercevoir, lorsque j'ai effectivement créé ma propre société, je lui ai donné un nom très similaire, « 2ZS Production ». Une façon, pour moi, de boucler la boucle ?

En grandissant, j'ai transformé cette pièce en une boîte de nuit baptisée « Le Privilège », théâtre de tous les excès auxquels peuvent se livrer de jeunes lycéens qui découvrent la vie.

Jamais je n'ai été aussi heureux qu'entre ces quatre murs qui conservent l'odeur de la joie, du plaisir, de la musique et de la fête. C'est une odeur sucrée, enivrante. Celle du Coca renversé sur le sol et qui colle aux semelles. Celle des fumigènes. Celle du sucre sur les doigts et sur la langue. Celle, un peu aigre, de certains alcools. Celle de la transpiration et du déodorant. Celle des mélanges de parfums entêtants. Celle, aussi, du détergent, des lendemains de fête.

L'odeur de la jeunesse.

L'odeur de l'innocence.

Dès qu'il s'agissait de créer, rien ne pouvait m'arrêter. À l'école, où j'étais pourtant sans arrêt brutalisé et où je passais mon temps à faire profil bas, je faisais preuve d'une détermination et d'une assurance sans limite lorsque arrivait la fin de l'année et que se profilaient les préparatifs de la kermesse. C'était pour moi l'occasion de mettre en place un spectacle avec certains camarades, un spectacle dont je concevais absolument tout : du choix de la musique à la chorégraphie en passant par les costumes, qui se devaient de briller le plus possible.

Vous le savez, le goût des paillettes ne m'a pas quitté. D'ailleurs, il m'a été parfois reproché par certains, qui voyaient en moi une sorte de « panneau publicitaire vivant ». Pour moi, le vêtement est un artifice qui ne définit en rien qui nous sommes, ni notre valeur. Il agit, pour celui qui le porte, comme une sorte d'armure et permet, à tort ou à raison, de booster sa confiance en soi. Aussi, je ne vois pas pourquoi je devrais changer ma façon de m'habiller, sous prétexte que certains y voient quelque chose de tape-à-l'œil ou d'ostentatoire. Je ne cherche pas à étaler une « réussite sociale ». Toute ma vie, j'ai été obsédé par les fringues, au point d'avoir contracté des microcrédits pour satisfaire ma passion pour les pièces d'exception. Je m'habille pour moi, et pas pour les autres. Parenthèse close.

Pendant la kermesse, focalisé sur mon objectif, je n'entendais plus les moqueries. Les autres n'existaient plus. Sur scène, j'étais aussi exubérant que j'étais réservé au quotidien. Mes peurs s'envolaient. Je me sentais puissant. J'avais l'impression de jouir d'un pouvoir que je n'avais pas dans la « vraie vie ». Cette sensation de liberté, j'aurais aimé la ressentir tout le temps, partout, toute ma vie. Qu'elle ne me quitte pas, qu'elle dure, encore et encore…

À partir du collège, mon sens du spectacle et mon goût de la fête ont commencé à susciter l'intérêt de mes camarades. Bien que n'étant pas un garçon populaire, loin de là, tout le monde semblait vouloir être invité aux soirées que j'organisais pour Halloween et pour mon anniversaire. Il faut dire que, déjà à l'époque, je ne faisais pas les choses à moitié.

Cette salle de jeux était mon refuge.

Le seul lieu où rien de grave ne pouvait m'arriver.

Le lieu où je régnais en maître.

Le lieu de tous les possibles.

Le lieu à partir duquel tous mes rêves semblaient pouvoir se réaliser.

Le lieu où je me faisais des films, au sens propre comme au figuré.

Le lieu où j'étais protégé des autres.

Le seul endroit où j'avais l'impression d'être la meilleure version de moi-même.

Plus tard, en créant ma chaîne Youtube, j'ai inconsciemment voulu recréer cet espace dans lequel je me sentais libre de décider de tout : du décor, des invités, de la tonalité, des questions posées, du montage, etc. Après tout, il n'y a pas une si grande différence entre préparer une interview et écrire un dialogue pour un scénario de film, à ceci près que, dans mon métier, je ne suis jamais certain de connaître les répliques de mon partenaire de jeu ! Par ailleurs, sur un tournage, je fais preuve, avec mes équipes et mes invités, d'une aisance dont je suis incapable dans la vie quotidienne. Je suis un hôte bienveillant, accueillant, professionnel, et mets tout en œuvre pour créer, chez mon invité, les conditions propices au surgissement d'une parole authentique.

Aussi, avec *En toute intimité*, j'ai le sentiment d'avoir réalisé un rêve de gosse, et de renouer avec l'espace de liberté que représentait ma salle de jeux.

Mais revenons à l'enfance, à mon goût pour le spectacle. Petit, j'excellais donc dans l'art de la mise en scène. Je savais diriger les autres, fédérer les énergies, mener un projet jusqu'au bout, et j'y prenais un plaisir infini. En toute logique, mon rêve aurait donc dû être de devenir metteur en scène, réalisateur ou directeur artistique. Mais non : moi, je voulais être comédien.

Cette obsession m'est venue juste après que j'ai abandonné le rêve de devenir styliste. L'idée que je me faisais du métier d'acteur était celle de pouvoir me glisser, à volonté, dans la peau de quelqu'un d'autre. Or, me glisser dans la peau de quelqu'un d'autre était un exercice que je connaissais bien, un exercice auquel je me livrais au quotidien, et dans l'art duquel j'étais passé maître. En faisant semblant d'être attiré par les filles plutôt que par les garçons. En contrôlant ma démarche et les inflexions de ma voix pour qu'elles paraissent moins efféminées. En faisant semblant d'être un bon enfant juif.

Mais qui était dupe de tout cela, sinon moi ? Au fond, je voulais être comédien parce que j'étais persuadé qu'en posant sur mon visage le masque d'un personnage, je parviendrais à cacher celui que j'étais réellement.

Quand j'ai mis ma mère au courant de ma nouvelle passion, elle m'a proposé de m'inscrire à un cours de théâtre à Montpellier. Vous me connaissez mieux maintenant, j'ai évidemment refusé. L'idée de rejoindre un groupe me rendait malade. Je craignais de subir les mêmes brimades dont j'étais déjà l'objet à l'école. À juste titre, ma mère m'a demandé comment je comptais devenir acteur sans avoir jamais pris une seule leçon. Je lui ai répondu qu'une fois à Paris, au Cours Florent, je saurais surmonter mes peurs. En mon for intérieur, j'étais certain d'y arriver.

À vrai dire, je ne me laissais pas d'autre choix que celui de la réussite. Devenir comédien n'était pas une option : c'était, pour moi, une obligation, pour ne pas dire une question de vie ou de mort.

Mon plan était le suivant : obtenir mon bac L et entrer au Cours Florent. J'étais persuadé qu'une fois là-bas l'acteur né que j'étais se révélerait au grand jour.

Quand j'y repense, je me dis que je n'aurais pas pu choisir métier plus éloigné de ce que je suis. Je croyais qu'être acteur, c'était être dans le contrôle. Mais c'était tout l'inverse. Pour être un acteur, il faut d'abord être capable de lâcher prise, et cet enseignement précieux a été le premier de ma formation d'apprenti comédien.

Après le bac, au mois de juin, je suis donc monté à Paris pour passer le concours d'entrée au Cours Florent. Ce dernier consistait en une semaine de stage, au terme de laquelle un professeur prononçait un avis favorable ou défavorable à votre admission.

La première épreuve a été de me retrouver au milieu de tous ces jeunes, dont j'avais appris à me méfier des réactions à mon égard. Cependant, je me suis vite rendu compte que ce n'était pas comme au lycée : ici, personne ne semblait me juger. Au contraire, les gens étaient plutôt amicaux, et je ne ressentais de leur part aucune hostilité. Me voyant déjeuner à l'écart, ils m'invitaient à les rejoindre. L'effort qu'ils faisaient pour m'intégrer à leur groupe était, pour moi, absolument inédit.

Peu de temps après le début du stage, la professeure a entamé un cours en annonçant l'exercice du jour : incarner l'animal de son choix devant tout le monde. J'étais interloqué. L'image du chien de ma mère, Tomy, un bichon maltais, m'est aussitôt apparue, et je me suis dit que je n'y arriverais pas. J'avais l'impression que ce qui nous était demandé était de nous couvrir de ridicule. J'ai regardé les autres, aboyer, miauler, rugir, hennir, se cabrer et se rouler par terre, sentant monter en moi l'appréhension, le dégoût et la honte.

Lorsque est venu mon tour, je ne me suis pas levé du banc sur lequel j'étais assis. J'ai répondu à la professeure que je ne m'en sentais pas capable ; c'était au-dessus de mes forces, j'étais tétanisé, bloqué, raide comme un piquet. Calmement, sans chercher à comprendre l'origine de mon blocage, elle m'a montré la porte, et je suis sorti de la salle de cours en me disant que mon rêve venait de voler en éclats.

De retour à l'hôtel où je séjournais, j'ai eu ma mère au téléphone. Vers qui d'autre qu'elle pouvais-je me tourner dans un moment comme celui-ci ? Malgré mes larmes, elle a été d'une fermeté exemplaire. Sans prendre de pincettes, elle m'a ordonné de retourner en classe. Si devenir comédien était mon rêve, alors il fallait obéir aux professeurs, point à la ligne ! Il fallait que j'accepte de prendre sur moi ! Peu importe la honte que j'éprouverais en revenant sur mes pas !

Un rêve, ça se paie, ça ne tombe jamais du ciel.

Alors, j'ai mis mon ego et ma honte de côté et j'ai écouté ma mère. De retour au Cours Florent, je suis entré en trombe dans la salle que j'avais quittée deux heures plus tôt, et j'ai interrompu la séance en annonçant, d'une voix tremblante mais pleine de détermination : « Vous voulez que je fasse le chien ? Je vais faire le chien. » Avant même que la professeure n'ait eu le temps de répondre, je me suis jeté par terre en aboyant, en me roulant sur le sol et en gigotant les fesses. J'avais l'impression de mourir, j'avais l'impression de m'autodétruire. Mais j'ai tenu bon.

Lorsque, des gradins où étaient assis les élèves, s'est élevé un tonnerre d'applaudissements, j'ai eu la chair de poule. J'imagine que j'étais fier. Plus tard, mon enseignante a écrit sur mon bulletin que j'avais été un exemple pour toute la classe. Par la force de ma volonté, je leur avais montré, à toutes et à tous, que rien n'était insurmontable.

Et de fait, pendant les trois ans que j'ai passés là-bas, ma persévérance a été ma meilleure alliée. Jamais, à Florent comme à l'école, je ne me suis découragé. Pourtant je n'avais aucune facilité, aucune prédisposition, rien ! J'avais une mauvaise mémoire, j'étais trop efféminé pour incarner un Roméo crédible, j'avais un accent du Sud à couper au couteau. Bref, la cata… Mais je me suis accroché, j'ai persévéré, parce que je crois aux vertus du travail.

Aujourd'hui, on nous fait croire que la réussite peut s'obtenir en un claquement de doigts, qu'elle est à portée de smartphone. On pense aussi qu'il suffit d'être vu, d'être connu, pour être « quelqu'un » et réussir sa vie. C'est ce que j'ai cru moi-même, à un moment donné, mais tout cela est faux. On n'est rien tant que l'on n'a rien fait, et « faire », cela demande du temps, de l'effort, de la sueur.

C'est ce que j'ai appris en faisant du théâtre : à transformer en victoire chaque moment où je surmontais une difficulté.

Et puis, j'ai aussi découvert un nouveau milieu. Je ne connaissais rien du monde du théâtre, ni des grands auteurs. Je me suis donc nourri de tout ce que les autres avaient à m'apprendre, et j'en ai plus appris sur l'âme humaine en trois ans de Cours Florent que durant toute ma scolarité ! Grâce aux textes de théâtre, je me suis progressivement ouvert à moi-même et aux autres.

En cours, je me sentais vivant, je me sentais riche d'une connaissance personnelle profonde. Pourtant, plus j'y allais, et plus je me rendais compte que je n'étais peut-être pas fait pour devenir acteur, et ce n'était pas grave ! Être acteur n'était plus ce qui comptait pour moi. Le Cours Florent m'avait permis de comprendre un peu mieux qui j'étais et quels étaient mes désirs, en me forçant à sortir de ma zone de confort.

Si vous avez peur de faire quelque chose, n'hésitez plus : faites-le ! Jetez-vous à l'eau ! La peur ne doit jamais être un obstacle mais, au contraire, un moteur. Surmonter ses peurs, c'est le meilleur moyen de se dépasser et de devenir, un peu plus chaque jour, qui nous sommes vraiment.

5

Se sentir vivant

L'âme est le seul oiseau qui soutienne sa cage.

VICTOR HUGO

Toute ma vie, et particulièrement à l'adolescence, j'ai eu besoin de trouver des façons de me sentir vivant. Mon quotidien était si étouffant que je cherchais par tous les moyens à m'en extraire.

D'abord, il y a eu le monde imaginaire que je me suis construit dans ma salle de jeux.

Puis, il y en a eu un autre, plus réel, plus concret et tout aussi excitant, celui de la nuit et de la liberté infinie.

Vers seize ans, faire la fête le week-end est devenu l'une de mes raisons de vivre. La première fois que je suis sorti dans une discothèque, c'était avec ma meilleure amie, Zelda, sous le chaperonnage de ma grande sœur, de quatre ans et demi mon aînée, en cachette de mes parents. Sabrina nous avait emmenés dans une boîte au nom empreint d'une aura de mystère, et qui deviendrait pour moi fondateur : la « Villa rouge ». Ce soir-là, je n'ai pas dansé, j'ai regardé défiler sous mes yeux un univers peuplé de filles sexy, d'homosexuels et de créatures en tout genre, qui semblaient tous avoir fait du plaisir, de la joie et de la liberté une règle de vie. Là-bas, les codes n'étaient plus les mêmes qu'à l'école ou dans la rue : le monde de la nuit était comme un univers parallèle où tout était permis.

À partir de ce jour, Zelda, mon autre amie Rita et moi avons commencé à sortir dans le plus grand secret. Le samedi soir, un de nos parents nous déposait devant une boîte de nuit destinée aux jeunes de notre âge. Dès que la voiture parentale disparaissait au loin, nous nous mettions en route vers l'objet de notre convoitise, cette énigmatique Villa rouge.

C'était la plus grosse discothèque de la région, et pour toute une génération, jusqu'à sa fermeture, l'un des temples de l'électro en France.

Pour nous y rendre, nous devions longer une

route mal éclairée qui traversait un champ. Nous marchions sur le bas-côté, dans l'obscurité, avec les herbes sèches qui nous piquaient les mollets, dans la lumière des phares des quelques voitures qui passaient parfois. Quand j'y repense, je me dis qu'il aurait pu nous arriver des bricoles. Notre accoutrement avait tout pour attirer les mauvaises rencontres ! Lorsque nous sortions, je me chargeais personnellement du look de mes meilleures amies, et à l'époque, rien n'était jamais trop osé pour moi. Ni les corsets en dentelle, ni les cuissardes en similicuir, ni le maquillage appliqué à la truelle, ni les lettres B.I.T.C.H. en strass, cousues sur un short extra-court, qu'elles arboraient avec panache et candeur.

Nous n'étions que des adolescents marchant dans le noir, indifférents aux dangers, portés par l'excitation de pénétrer dans l'enceinte de la discothèque, par la peur, aussi, que le videur ne nous laisse pas entrer et nous demande nos cartes d'identité.

Lorsque nous arrivions sur le parking de la Villa rouge, ma poitrine se serrait. La vibration des basses résonnait déjà en moi. J'avais l'impression que mon cœur battait plus vite, plus fort. Nous enfilions alors nos lunettes de soleil pour que personne ne surprenne la jeunesse de notre regard, et enfin, nous pénétrions dans notre temple de la liberté interdit aux mineurs…

Notre objectif ? Nous enivrer du son vibrant qui traversait nos corps. Je ne me levais pour gagner la piste de danse qu'à condition d'être assez ivre pour ne plus me préoccuper du regard des autres. On s'enfilait des shots de tequila, comme dans *Absolument fabuleux*, et c'était grisant.

Durant ces soirées, nous étions à la recherche de sensations fortes et d'émotions que nous ne connaissions pas encore. Nous n'étions jamais rassasiés de nos nuits, nous voulions toujours plus, plus de plénitude, de bien-être et de liberté, et il n'y avait qu'à la Villa rouge que je pouvais ressentir cela. Là-bas, mon corps, que je courbais sous le regard des autres pendant toute la semaine, et ma tête, que je gardais d'ordinaire baissée, se redressaient soudain. Je dansais, je ne m'appartenais plus, j'étais un autre Samuel, un Samuel qui ne se posait plus de questions. Et qu'est-ce que ça faisait du bien !

La Villa rouge a été pour moi, à l'instar de ma salle de jeux, un lieu où j'ai pu me réinventer, où tout semblait possible et où toutes mes peurs s'évanouissaient.

Je m'y suis rendu toutes les semaines pendant quatre ans. À chaque fois, c'était la même émotion en voyant la lumière des néons rouges du logo qui brillait dans la nuit, une chaleur dans le ventre, le cœur qui bat à mille à l'heure. Retrouver ce lieu me faisait autant d'effet qu'un coup de foudre amoureux qui fait planer.

Avec Rita et Zelda, nous sommes devenus des habitués. Aux yeux des autres, nous étions le trio infernal. Lorsque nous arrivions sur le parking, les gens faisaient la queue sur des dizaines de mètres. Avec la sensation de jouir de notre statut de privilégiés, nous passions devant tout le monde. Le videur nous laissait entrer en demandant à la foule de s'écarter sur notre passage. Vous connaissez l'histoire d'Hannah Montana ? Lycéenne le jour et popstar la nuit, elle mène une double vie. Eh bien, nous aussi, nous avions l'excitante sensation de cacher notre véritable identité en journée, pour mieux nous révéler le soir, pareils à des papillons de nuit.

Une fois à l'intérieur, nous nous dirigions vers la salle principale, dominée par un bar central, au-dessus duquel était suspendue une grande cage où nous nous installions. C'était derrière les barreaux de cette cage dorée que nous dansions, offerts à la vue de tous, et que je me libérais de la honte qui m'habitait le jour.

Dans cette cage, nous nous sentions protégés, à l'abri. Nous étions au centre de l'attention, et pourtant, rien de grave ne pouvait nous arriver. Nul autre endroit ne m'offrait plus de liberté que cette cage.

Avec le recul, je pense qu'à mon insu cette cage signifiait tout autre chose. Elle était le symbole de la prison dans laquelle je vivais au quotidien, un quotidien consacré à la dissimulation de ce que j'étais, dédié au mensonge, et où mon corps et mon être étaient sous contrôle permanent. Un quotidien dans lequel je n'étais pas libre de dire ce que je ressentais.

Mais suis-je seulement un jour sorti de cette cage ?

Si la Villa rouge a été pour moi un lieu d'émancipation, c'est aussi parce qu'elle m'a permis de me confronter à la réalité de mon désir homosexuel. J'aimais y aller pour me sentir désiré. Je ne donnais jamais suite aux avances qui m'étaient faites, je faisais l'expérience inédite et positive du regard de l'autre sur moi. Auprès de mes amies, je jouais le rôle de l'hétéro surpris, mais j'étais en réalité flatté par le désir que je suscitais. À l'époque, je n'avais encore dit à personne que je préférais les garçons, et mes amies, pudiquement, n'abordaient jamais le sujet de mon orientation sexuelle avec moi.

Entre moi et les garçons de la Villa rouge, il n'y avait donc rien d'autre que des regards échangés, et cela me suffisait. Le simple fait de danser et d'être contemplé par des garçons était aussi fort qu'une expérience érotique. Pendant la semaine, je m'enfermais dans ma salle de jeux, et sur la même musique que celle qui passait en boîte, je dansais, les yeux fermés, imaginant que l'on me caressait du regard, m'offrant cette confiance en moi dont je rêvais tant.

Tout ça, c'était jusqu'à ce que je rencontre M., mon premier amour…

6

Premier amour

Le hasard est le travestissement favori du destin.
SACHA GUITRY

M. a été mon premier copain, et j'ai vécu avec lui une histoire à la fois passionnelle et douloureuse. J'allais avoir dix-huit ans.

La première fois que je l'ai vu, je ne l'ai pas trouvé à mon goût. Forcément, il portait son costume de *drag queen*, ses cheveux étaient coiffés en choucroute, ses sourcils dessinés au crayon, et sa silhouette androgyne rehaussée au niveau de la poitrine par des faux seins. Ce que j'ai aimé, en revanche, c'était l'audace flamboyante avec laquelle il assumait son masque.

Je ne me rappelle plus exactement ni comment,

ni pourquoi, mais c'est lui qui est venu nous parler, à mes amies et moi. Nous attendions les boissons que nous avions commandées au bar, et il s'est joint à notre groupe. Tout de suite, j'ai été frappé par son humour, son irrévérence, son ton incisif, cette façon qu'il avait de poser un regard sarcastique sur tout ce qui l'entourait. Nous avons passé la soirée tous ensemble et, au moment de nous quitter, nous nous sommes dit « à la semaine prochaine ».

Comme convenu, nous nous sommes vus la semaine suivante. Cette fois, M. n'était pas déguisé, il était « en garçon » et j'ai compris qu'il s'intéressait à moi et était prêt à tout pour me conquérir. C'était la première fois que ça m'arrivait et cela me plaisait. À ce stade, je n'avais jamais eu de petit(e) ami(e).

Nous avons continué à nous voir, entourés de nos amis respectifs, puis tous les deux, sans jamais révéler officiellement la naissance de notre relation, et nous avons fini par sortir ensemble.

Notre premier baiser a eu lieu à la Villa rouge, en public. Il avait le goût de l'interdit et en même temps semblait protégé par la chaleur et la bienveillance de ce lieu dans lequel la notion de bienséance n'avait plus cours. J'avais l'impression de découvrir une saveur que j'ignorais jusqu'alors, une saveur dont je ne me rassasiais pas. Je découvrais enfin ce que signifiait être désiré, et qu'est-ce que c'était bon… C'est peu de temps après que, naturellement, j'ai fait mon *coming out*.

Au début, je me rendais dans son studio du quartier des Arceaux. Puis, M. est venu s'installer chez moi, dans le petit appartement que mes parents me louaient dans le centre de Montpellier, après mon bac. J'avais reporté mon admission au Cours Florent d'un an pour pouvoir donner une chance à notre histoire. Ah ! qu'est-ce qu'on ne ferait pas par amour…

À ma grande surprise, dans ce contexte de fête, le fait que M. se travestisse ne me gênait pas plus que ça. Certes, cela ne m'enchantait pas, ne m'attirait pas et n'était pas ce que j'avais imaginé pour une première relation amoureuse, mais, lorsque nous arrivions ensemble à la Villa rouge, accompagnés de mes amies, j'étais étonné de l'effet d'émerveillement que nous produisions sur la foule. Nous formions un couple de personnes étranges, et dans ce cadre, le bizarre n'était plus une anomalie, mais au contraire quelque chose qui nous valait l'admiration de tous.

Puis, un jour, j'ai appris la vérité sur M. Un

samedi soir comme un autre, je l'ai accompagné en voiture. Il devait récupérer un ami. Un homme à l'allure assez peu recommandable est monté à l'arrière et, en suivant le fil de leur conversation, j'ai compris que cet homme n'était pas qu'un ami pour M. : c'était un de ses clients.

M. se prostituait.

Des rumeurs à ce sujet, colportées par des habitués de la Villa rouge, étaient déjà parvenues à mes oreilles auparavant, mais je refusais d'y prêter foi. Jamais je n'aurais cru cela possible. Jamais je n'aurais pu m'imaginer qu'il se livrait aux mêmes activités que certaines et certains de ses amis qui travaillaient aux Arceaux, quartier essentiellement fréquenté, la nuit, par des prostituées (femmes, travestis, ou transsexuels). Dans ce milieu, que j'observais d'un regard extérieur, avec un mélange de fascination et d'inquiétude, la drogue faisait des ravages et la mort ne semblait jamais loin…

À partir de ce jour, notre couple s'est mis à battre de l'aile. Nous avons commencé à nous disputer régulièrement, et même très violemment. Je portais sur lui et sur moi un regard de dégoût, et l'en tenais pour responsable. Je ne comprenais pas pourquoi il se prostituait, dans la mesure où il n'avait pas besoin d'argent – il travaillait comme coiffeur et ses parents l'aidaient financièrement.

Il aurait été simple de lui poser la question, de lui demander, « M., pourquoi est-ce que tu te prostitues ? », mais je ne l'ai pas fait. À l'époque, lui poser cette question, qui m'aurait sans doute permis de mieux le comprendre, m'était impossible. Je regrette de ne pas en avoir été capable, cela nous aurait peut-être épargné beaucoup de chagrin à tous les deux.

Alors à la place, je me faisais des films. J'imaginais le pire. Je ruminais ma haine, tournais en rond comme un lion en cage, incapable de lui pardonner, obnubilé par la façon dont il avait sali notre couple, désireux de lui faire payer, d'une façon ou d'une autre, le mal qu'il m'avait fait.

J'aurais certainement dû le quitter. Mais je n'osais pas. Il était ma seule référence amoureuse. J'étais sûrement un peu lâche, et c'était peut-être plus facile de rejeter entièrement la faute sur lui.

M. m'a suivi à Paris lorsque j'ai commencé le Cours Florent. Bien qu'il m'ait juré de ne plus se prostituer, je ne lui faisais pas confiance. Comment aurait-il pu en être autrement ? Je contrôlais le moindre de ses faits et gestes. Quand nous n'étions pas ensemble, je lui demandais de m'envoyer des preuves de l'endroit où il se trouvait. Je lui menais une vie d'enfer.

J'ai fini par m'inscrire sur des sites de rencontres. J'avais envie que M. se sente trompé, lui aussi. Quelque chose en moi me poussait, sans cesse, à lui en vouloir, à le détester sous prétexte que je souffrais.

De cette relation, nous sommes sortis épuisés. Nous nous sommes séparés, puis perdus de vue. Par la suite, je suis tombé amoureux d'un autre garçon que j'ai placé sur un piédestal, un garçon qui était à l'extrême opposé de M.

Puis un soir, M. a réapparu dans ma vie, comme par effraction.

« M. est mort. »

Cette phrase, c'est mon copain de l'époque qui l'a prononcée. Je n'étais pas encore rentré du Cours Florent lorsque le téléphone avait sonné et qu'il avait décroché. À l'autre bout du fil, ma mère lui avait annoncé que M. était décédé. Quand j'ai appris la nouvelle, je n'ai rien dit. J'ai pris une grande inspiration et je suis descendu sortir ma chienne, Shanelle. J'ai appelé Rita et Zelda qui le connaissaient bien et avaient de l'affection pour lui, afin de les mettre au courant.

Et je suis remonté chez moi.

Ce soir-là, je n'ai pas versé une larme.

Je n'ai pleuré que quelques mois plus tard, lorsque sur un coup de tête j'ai décidé de me rendre à notre ancienne adresse, au 20, rue Galvani dans le 17e arrondissement, près de la Porte de Champerret. Je suis arrivé en bas de l'immeuble où nous avions vécu pendant plus d'un an, et j'ai levé les yeux vers les fenêtres de ce qui avait été notre appartement. Alors, toutes les larmes que j'avais emmagasinées se sont mises à couler, dans un déferlement que rien ne pouvait arrêter. La colère s'était muée en une profonde tristesse.

La vérité sur la mort de M., je ne l'ai apprise que bien plus tard, et tout à fait par hasard, chez ma coiffeuse, près de chez moi, dans le 3e arrondissement. Un après-midi, nous discutions de choses et d'autres, quand la conversation a dérivé sur nos vies sentimentales respectives. Tout naturellement, j'ai évoqué l'existence de M., et c'est ainsi qu'elle m'a confié qu'elle l'avait bien connu. Le milieu des coiffeurs du Marais est un petit monde, et ils avaient un certain nombre d'amis en commun. C'est elle qui, douze ans après, m'a expliqué les véritables circonstances de sa mort.

Cela avait eu lieu chez Maxim's, une boîte très sélecte, près de la place de la Concorde. Il était en *drag*, accompagné par ses nouveaux amis de l'époque, avec lesquels il avait l'habitude de boire et de se droguer. De ce qui m'a été rapporté, quand M. a dit qu'il se sentait mal, personne ne l'a pris au sérieux. Il serait allé s'asseoir sur une banquette, où il a fini par perdre connaissance. Ses « amis » auraient ensuite prévenu les vigiles, qui auraient essayé de le ranimer, en vain.

Le problème, c'était que tous les amis de M. avaient consommé de la drogue dans l'enceinte de l'établissement. Craignant le scandale, ils ont tardé à contacter les secours.

M. est décédé dans l'ambulance qui le transportait à l'hôpital. D'une overdose.

Encore aujourd'hui, M. quitte rarement mes pensées. Il m'arrive même de lui parler. C'était une personne généreuse, aimante, et un coiffeur de talent qui aurait dû accomplir de grandes choses s'il avait su dompter ses démons intérieurs. J'ai l'impression que par tous les moyens, même les plus dangereux et destructeurs, il essayait d'échapper à une réalité trop lourde à porter.

M. a-t-il laissé ses peurs prendre le pas sur le reste, et décidé de son propre destin ? Jusqu'à quel point est-on maître de sa vie ? Subissons-nous une histoire écrite, pour nous, à l'avance, ou sommes-nous les scénaristes tout-puissants de notre propre histoire ?

Pour ma part, ce dont je suis certain, c'est que chacune de nos actions et chacun de nos choix et de nos « non-choix » ont un impact sur notre existence. En avoir conscience, c'est se laisser une chance de décider pleinement pour soi.

La détermination est une arme inestimable, avec laquelle on ne naît pas forcément, mais qui s'acquiert avec le temps.

Ne laissez ni les autres, ni vos peurs, ni le poids de votre passé décider à votre place de votre avenir.

7

Le regard des autres

On surestime ce que l'on n'est pas,
et on sous-estime ce que l'on est.
MALCOLM FORBES

Durant une période, j'ai cru que devenir une personne publique m'apporterait tout le bonheur auquel j'avais toujours aspiré. Comme vous pouvez déjà vous en douter, et compte tenu de ce que vous avez lu jusqu'ici, à nouveau je me trompais.

Quand je suis né, la téléréalité n'existait pas encore. J'avais quatorze ans lorsque la France entière a découvert *Loft Story*. Comme beaucoup, je suis devenu accro, et je me suis passionné pour cette aventure, à un point tel que j'ai même créé ma propre téléréalité ! Dans notre appartement d'été en bord de mer, j'avais installé une caméra qui nous filmait, mes camarades et moi, 24 h/24. Ma sœur et une amie étaient censées décider qui serait éliminé à la fin de chaque jour. Nous n'étions que trois candidats, alors autant dire que le suspense pour connaître le nom du gagnant a été de courte durée !

Ce qui nous fascinait, je crois, c'était que de simples anonymes, comme Loana, Laure ou Jean-Édouard, puissent susciter un tel intérêt. Ils n'avaient aucun talent particulier, ne sortaient pour la plupart d'aucune grande école, et étaient arrivés là avec pour seul bagage leur personnalité. Ces inconnus nous annonçaient le début d'une nouvelle ère : dorénavant, être regardé, connu et reconnu, n'était plus réservé aux artistes, intellectuels, journalistes, hommes politiques, scientifiques, etc.

Désormais, la célébrité était à la portée de tous.

Tout devenait possible.

Pourtant, à l'époque, devenir candidat de téléréalité était pour moi inenvisageable. De par mon histoire, j'aspirais moi aussi à une certaine notoriété, mais je souhaitais avant tout que l'on me reconnaisse pour des raisons valables, en d'autres termes, pour la qualité de mon travail. J'avais un préjugé : être candidat de téléréalité me semblait réservé à ceux qui avaient échoué à réaliser leurs rêves initiaux ou, pire, à ceux qui souhaitaient jouir d'une exposition facile et instantanée. En ce temps-là, la téléréalité, aussi divertissante soit-elle, symbolisait la menace de mon futur échec potentiel.

Et puis le temps a passé et quelques années plus tard, me voilà, courant les castings, dans l'espoir d'être propulsé sur le devant de la scène médiatique grâce à la téléréalité ! Au final, beaucoup critiquent l'ambition des candidats de téléréalité, mais je peux vous garantir que peu sont ceux qui diraient non à ce genre d'opportunité.

Comment ai-je pu retourner ma veste de manière si radicale ? Pour quelle raison ai-je voulu, moi aussi, devenir candidat ? En avais-je vraiment envie ? Et pourquoi ?

D'abord, je me disais que la téléréalité serait un tremplin vers autre chose, vers une carrière de comédien, de chroniqueur, que sais-je… Mon premier argument était donc d'ordre professionnel. Mais si je suis vraiment honnête avec moi-même, je pense que ce qui me motivait était le manque de confiance en moi. Je m'aimais si peu, que je recherchais l'approbation du plus grand nombre.

J'avais envie d'être choisi, d'être regardé, d'être aimé, d'être validé par le regard d'autrui.

J'avais besoin que la télévision me donne le droit d'exister.

Je croyais que si les autres m'acceptaient, alors je parviendrais enfin à m'accepter moi aussi.

Or, si vous ne vivez que pour satisfaire aux exigences du regard des autres, c'est que le chemin n'est peut-être pas le bon.

À l'époque, j'étais donc prêt à tout pour obtenir une place dans une émission – prêt à tout, dans la limite du raisonnable, évidemment. Dans ce milieu, les places sont chères, il y a beaucoup d'appelés pour peu d'élus, et mon désir de réussite était tellement fort que j'étais disposé à passer pour quelqu'un que je n'étais pas, à jouer le rôle d'un personnage.

Je me souviens de mon premier casting. J'avais lu quelque part que pour maximiser ses chances d'être sélectionné, il s'agissait de marquer les esprits. Ce jour-là, je portais un costume Burberry (je travaillais encore dans le luxe à ce moment-là). Je me suis avancé vers le directeur de casting, et tout en répondant à ses questions, j'ai commencé à me déshabiller, comme si de rien n'était, jusqu'à me retrouver en maillot devant lui. Intérieurement, j'étais mortifié : ce garçon qui se déshabillait et qui pensait créer un *happening* n'était pas moi.

Ce spectacle d'effeuillage n'a pas été très payant :

on ne m'a pas rappelé. Avais-je raison de me fabriquer une image pour intégrer une émission ? J'ai appris que ce n'est pas en se dénudant physiquement ou en travestissant sa personnalité que l'on intéresse l'autre. En fait, il s'agit bien plus de se dénuder spirituellement.

Des castings, il y en a eu beaucoup d'autres, et l'espoir que l'on m'annonce une bonne nouvelle a fini par constituer une partie de mon quotidien. Je ne comprenais ni pourquoi ni comment je pouvais susciter une telle indifférence. Alors, je culpabilisais. Je me disais que je n'étais pas assez bien, pas assez beau, pas assez intéressant. La différence que l'on m'avait toujours reprochée petit ne semblait pas être une valeur ajoutée pour l'industrie du divertissement.

Un jour que je partageais mes déconvenues avec Stéphanie, une amie proche, rencontrée sur une webradio pour laquelle nous officions gratuitement, celle-ci m'a invité à regarder les choses autrement : « Ce n'est pas que tu es nul, m'a-t-elle dit, au contraire. Peut-être as-tu trop de créativité à exprimer autrement, peut-être es-tu trop « normal » pour avoir ta place dans ce genre d'émission… »

Trop « normal », moi ? C'était la première fois de mon existence que j'entendais une chose pareille !

Toute ma vie, j'avais été classé dans la catégorie des gens bizarres !

Sur le coup, j'ai été vexé. Ce mot « normal » me semblait comporter une charge négative. « Normal », pour moi, ça voulait dire « banal ».

Mais peut-être qu'elle avait raison, peut-être, en effet, étais-je trop « normal », et même « bananormal ».

Aujourd'hui j'ai compris que, pour devenir candidat de téléréalité, il faut rentrer dans une case. Or, il faut croire que moi, Samuel Zirah, je ne réunissais pas suffisamment de critères pour entrer dans cette case spécifique. J'étais simplement différent.

Il se trouve que toute ma vie j'ai eu l'impression d'essayer d'enfiler un costume qui n'était pas à ma taille. Ce costume était tantôt trop serré, tantôt trop large. C'était l'habit d'un autre, un vêtement qui ne me convenait pas. Par crainte de me retrouver sans rien sur le dos, par peur de me confronter à ma nudité, à ma vérité, j'essayais de me persuader que ce costume était fait pour moi. Mais le costume du candidat de téléréalité ne m'allait pas, c'est comme ça.

Je suis quand même parvenu, à plusieurs reprises, à passer les « éliminatoires » et à me retrouver parmi ceux que je considérais être les « élus » ! Compétitions culinaires, de mode, ou encore parties de poker à gogo, chaque expérience représentait pour moi l'occasion de découvrir les coulisses du monde de l'image, univers qui m'avait toujours fasciné.

Une de mes premières expériences marquantes a été ma participation à *Un dîner presque parfait, ce soir on dort chez toi.* Ce qui m'intéressait, c'était davantage les ingrédients qui entraient dans la composition du programme que ceux qui devaient servir à fabriquer mon dessert !

Par ailleurs, je suis sorti vainqueur de cette émission, mais pas sans une pincée d'ingéniosité… Voilà ce qui s'est passé : pour mon dîner, j'avais choisi de préparer un nougat glacé, qui était le dessert phare de mon copain de l'époque. J'étais très mauvais en pâtisserie, et je lui avais donc demandé de préparer son dessert, pour le placer au congélateur. Le plan était le suivant : devant les caméras, je préparerais mon propre « nougat raté » et sortirais, au moment du dîner, le « nougat réussi » concocté la veille par mon complice.

L'équipe de tournage n'y a vu que du feu !

Cette expérience a été enrichissante, pas sur le plan culinaire, mais sur celui de l'apprentissage du fonctionnement d'une émission. Très rapidement, j'ai compris ce que la production attendait des candidats : qu'ils génèrent des « séquences », autrement dit des « moments de télévision » susceptibles d'être repris dans des zappings et relayés sur Internet, en vue d'un « buzz » potentiel. Alors j'ai fait ce que l'on attendait de moi...

Toujours dans le cadre d'*Un dîner presque parfait*, j'avais projeté de préparer du homard. Je n'en avais jamais cuisiné avant, et pour cause, ces crustacés me font peur, mais j'avais imaginé que cela pourrait offrir aux caméras une séquence spectaculaire. Sur les images, on me voit en train d'essayer de plonger des homards vivants dans de l'eau bouillonnante, et j'ai l'air terrifié. Il se trouve que je ne m'étais pas trompé. Lorsque l'épisode est sorti, ma séquence a bel et bien fait le buzz, au détriment des homards qui avaient souffert inutilement. À l'époque, je n'étais pas aussi sensible à la cause animale qu'aujourd'hui, et je regrette d'avoir fait preuve de tant de légèreté sur le moment.

Mais j'ai rapidement compris que ce genre de passion pouvait me coûter cher. Au moment d'*Un dîner presque parfait*, je travaillais encore dans le domaine du luxe. Dans l'univers du prêt-à-porter de couturier, j'avais gravi les échelons un à un, avec une ambition débordante, jusqu'à obtenir le poste de directeur de ma propre boutique. J'avais seulement vingt-quatre ans. Fort de cette ascension, j'avais été repéré par une chasseuse de têtes qui m'avait recruté pour la maison Chloé, en tant que directeur du point de vente femmes au Printemps Haussmann.

À l'époque, bien que ma carrière soit au beau fixe, je courais déjà les castings, et un jour, par un malheureux concours de circonstances, ma direction en a eu vent, et ça a été terrible.

Lors de mon premier jour chez Chloé, j'ai senti que quelque chose ne tournait pas rond. Sur mon passage, j'entendais murmures et ricanements. Que se passait-il donc ? Je n'ai pas mis longtemps à le savoir. Dans la journée, j'ai été convoqué par un membre de la direction. Mon interlocutrice se disait très embarrassée : une vidéo que j'avais envoyée, quelques semaines plus tôt, à l'intention de la casteuse d'une célèbre émission de téléréalité, s'était propagée dans les couloirs du Printemps. Or, le contenu de cette vidéo était jugé incompatible avec l'image d'une maison de luxe. Il fallait donc que je parvienne à la faire supprimer au plus vite.

Chez Burberry, où je purgeais ma période de préavis avant de rejoindre définitivement Chloé, même cas de figure. Sarcasmes, humiliations, volonté affichée de ma supérieure de faire connaître cette vidéo à mes équipes de vente, et bien sûr, convocation au siège.

Quelque temps après, j'ai su que cette vidéo avait été sciemment postée sur Internet, par une personne malveillante dont j'étais proche à l'époque.

Je peux vous assurer qu'il n'est pas facile de faire effacer un contenu sur le Web, surtout lorsque ce n'est pas vous qui l'avez mis en ligne. Il faut donc être vigilant lorsque l'on poste la moindre chose. Rappelez-vous ce que je vous disais tout à l'heure : toute action a des conséquences.

Mais au fond, qu'y avait-il de si compromettant dans cette vidéo ? Je vais essayer de vous la décrire, pour que vous puissiez juger par vous-mêmes : mon objectif était de susciter l'intérêt des « casteurs » en un minimum de temps. Alors, je me suis dit qu'il fallait que je me donne à fond, quitte à en faire des caisses – chez moi, c'est tout ou rien, je suis dans l'excès. Donc, je me suis inventé une vie, j'ai expliqué que j'étais entièrement refait, que je souffrais de gérascophobie[1] et d'entomophobie[2]. Mon discours mais aussi mes intonations et mes poses étaient une caricature de moi-même.

Une fois cette vidéo rendue publique, je n'avais

1. Peur de vieillir.

2. Peur des insectes.

d'autre choix que de l'assumer. Au travail, le poids de la honte était lourd à porter.

Je pense aujourd'hui que le regard des autres m'a rendu aveugle. En effet, si j'avais moins fait attention à ce qu'ils pouvaient penser de moi, j'aurais été capable de juger cette vidéo pour ce qu'elle était : le geste malavisé d'un jeune homme animé par l'envie. C'était une vidéo un peu *cheap*, certes, mais elle était aussi pleine d'espoir et de détermination. Il n'y avait donc rien de grave là-dedans, rien de dangereux, ni même de honteux.

Pourtant, on m'a fait croire que je devrais en avoir honte. Aujourd'hui, je dis merci à cette vidéo, merci aux castings que j'ai pu passer, merci aux différentes et infimes expériences télévisuelles que j'ai pu faire. Merci à mes maladresses. Merci à mes « erreurs ». Avec le recul, j'ai compris que je n'avais pas à en rougir. Ces expériences, aussi maladroites soient-elle, disaient quelque chose de mon désir de réussite, et sans elles je ne serais pas là où je suis, je n'aurais jamais créé *En toute intimité*. Chacune d'entre elles m'a amené à devenir qui je suis à présent. C'est une certitude.

Ce que révèle aussi cette expérience, c'est la réalité d'Internet : c'est une fosse aux lions, où les gens prennent plaisir à pointer du doigt, à ricaner, parfois même à insulter sans prendre la peine d'argumenter. C'est violent et c'est difficile de ne pas se sentir atteint et de ne pas se remettre en question. C'est comme si Internet s'était transformé en un tribunal avec juges, magistrats et procureurs improvisés. Mais doit-on se laisser atteindre par ces critiques et ces insultes, au point de rougir de nos actions, de se taire et d'être réduit à la passivité ? Dans un monde où la parole circule à toute vitesse, il faut impérativement se blinder contre le *bashing*, qu'il soit justifié ou non.

Quoi qu'il en soit, ne vous laissez pas couper l'herbe sous le pied dans votre ascension par des esprits plus prompts à la critique qu'à l'action et qui, contrairement à vous, ne construisent rien du tout. Ne vous laissez jamais atteindre par celles et ceux qui prennent du plaisir à vous rabaisser et qui en tirent un sentiment de puissance. Celui qui vous rabaisse n'est pas quelqu'un de fort, mais au contraire quelqu'un qui souffre sans doute d'un mal-être profond. Peut-être, après tout, que derrière chaque bourreau il se cache une victime.

8

Dans la bonne direction…

Les opportunités apparaissent le plus souvent sous la forme de malchance ou d'échec temporaire.

NAPOLEON HILL

Puis, un jour, j'ai reçu un coup de téléphone…

C'était en juillet et j'étais descendu passer les vacances à Montpellier, chez mes parents, comme à mon habitude. Le téléphone sonne, et à l'autre bout du fil, j'entends une voix familière, une voix qui m'a bercé toute mon enfance, chaque samedi sur M6, pendant des années : c'est celle de Lulu du *Hit Machine* ! Quelques jours plus tôt, j'avais répondu à une offre pour être chroniqueur sur une chaîne du satellite. Mon profil les intéressait, et

Lulu souhaitait me rencontrer. Je suis immédiatement remonté à Paris pour passer un entretien, et fin août, on m'annonçait que ma candidature avait été retenue.

À partir de ce moment-là, je me suis investi comme jamais dans mon métier de chroniqueur pigiste. J'ai appris à concevoir une émission, à écrire une interview, à programmer des invités, à avoir de la repartie – bref, les rudiments du métier. L'émission était quotidienne, enregistrée en début d'après-midi, montée dans la foulée, puis multidiffusée dans la soirée. Elle se présentait sous la forme d'un journal télévisé qui passait au crible les moindres faits et gestes des people de la téléréalité.

J'étais assez peu payé, mais cela n'avait aucune importance. Mon métier était ma raison de vivre. J'étais persuadé qu'à force de travail on finirait par me confier plus de responsabilités, et que d'une petite chaîne du câble je passerais à TF1, M6 ou France 2 !

Pendant deux ans, je suis resté chroniqueur du *Journal de la téléréalité*, puis j'ai intégré *Le Grand Show*, une émission généraliste, consacrée à l'interview d'artistes.

Sur les derniers mois, j'étais à la fois heureux

et frustré. Heureux parce que j'avais l'impression qu'une partie de mon rêve était en train de se réaliser, que j'avais enfin trouvé ma place. Frustré parce que j'étais impatient. Je passais mon temps à élaborer de nouveaux concepts et à faire des propositions à la chaîne. Je voulais brûler les étapes et avoir ma propre émission le plus rapidement possible. Il faut dire que j'ai toujours été très impatient, j'ai constamment besoin d'être stimulé par de nouveaux défis : la routine m'ennuie.

Peut-être la direction de la chaîne a-t-elle eu raison de ne pas céder, sans doute avais-je encore beaucoup à apprendre. En tout cas, je me sentais prêt, alors je me suis lancé : faute d'autre proposition, j'ai créé ma chaîne Youtube et ma propre émission.

Youtube vous donne la possibilité de devenir celui que vous voulez être, en vous passant des médias institutionnels. Plus de barrières ! Plus de freins ! Plus de cases ! Plus de quotas ! Plus de préjugés ! Cette plate-forme est le terrain privilégié du « self-made man 2.0 », et elle n'attend que votre créativité pour vous ouvrir ses portes. N'attendez plus que la vie vous fasse le cadeau dont vous avez toujours rêvé : ce cadeau, offrez-le-vous, il est à votre portée.

Grâce à cet écrin, et pour la première fois, j'allais pouvoir me réaliser totalement, sans cadre imposé. Exprimer ma créativité directement auprès des autres, en suivant mes propres règles. Être fidèle à qui je suis. Du moins, c'est ce que je croyais…

II

LES DESSOUS DE LA TÉLÉRÉALITÉ : SOUMISSION, RÉVOLTE ET LIBÉRATION

9

Naissance de ma chaîne Youtube

Le plus grand risque est
de ne prendre aucun risque.
MARK ZUCKERBERG

Pour m'offrir mon propre cadeau, j'ai quitté, non sans une certaine tristesse, une chaîne qui m'avait fait confiance et donné ma chance. Ce ne fut pas une décision facile à prendre. J'avais l'impression de ne pas être allé jusqu'au bout de ce que la télévision avait à m'apporter. Ma vie professionnelle me semblait jalonnée d'expériences similaires : d'abord j'avais plaqué le Cours Florent pour travailler dans le luxe, ensuite j'avais plaqué le luxe pour courir les castings en tout genre, et maintenant je plaquais la télévision pour « m'enterrer » sur Youtube. C'était comme si l'histoire n'en finissait pas de se répéter.

Youtube.

Le Web…

Le Web, aux yeux des gens de télévision, c'était un peu ce que Zara est pour Louis Vuitton : ça n'existe pas, même si les chiffres nous montrent tout le contraire… et que certains formats sont plus regardés sur la Toile qu'à la télévision.

Par ailleurs, aujourd'hui, la téléréalité ne survivrait pas sans le Web. On assiste en effet à un changement du mode de consommation des programmes télévisuels, qui se regardent de plus en plus sur Internet. Les interviews web des candidats d'émissions font régulièrement plus de vues que les émissions elles-mêmes. Et puis, comme vous me le dites régulièrement, vous aimez découvrir les candidats en dehors d'une émission télé, dans un cadre où ils ont l'opportunité et le temps de se dévoiler « en toute intimité ».

Très vite, je ne me suis plus préoccupé du mépris que suscitait ma reconversion vers le Web. Il fallait trouver un nom à ma chaîne Youtube. Pour moi, il était hors de question de me cacher derrière un pseudo à résonance virtuelle, qui ajouterait une barrière entre les autres et moi. Ma chaîne portera donc simplement mon nom. Elle s'appellera « Sam Zirah ». Elle reflètera ma véritable identité, mes valeurs et mes convictions. La liberté dont je jouissais sur ma chaîne effaçait tous mes doutes : comme autrefois, dans ma salle de jeux, je pouvais donner vie à mes idées, sans avoir à rendre de comptes à personne, porté par mon intuition et ma créativité. Évidemment cette prétendue indépendance était illusoire, je m'en rendrais compte par la suite. Mais dans les premiers temps de mon émission *En toute intimité*, j'avais le sentiment que plus rien ne pourrait faire obstacle à mon bonheur.

Créer une chaîne Youtube n'est pas si différent de créer une entreprise : ça ne s'improvise pas. Pendant près de trois ans à la télé, j'avais été en immersion dans l'univers de la téléréalité et du divertissement. Sur Youtube, il était donc logique, pour moi, de me consacrer à ces thématiques, puisque je les maîtrisais. Je souhaitais développer une approche qui me ressemble : un entretien bienveillant, dans un cadre feutré, où la parole et l'écoute seraient reines, comme dans ces talk-shows américains animés par Ellen DeGeneres ou Oprah Winfrey, dont j'admire tant le travail et le ton si singulier.

Fort de mon expérience de manager dans le secteur du luxe, j'ai procédé à une étude de marché, afin d'étudier l'offre proposée sur Youtube en matière de divertissement et de téléréalité. Je ne fonce jamais tête baissée, j'analyse et ensuite j'agis. Ce sens du discernement, je le tiens certainement de mon père.

Début 2015, les gens qui travaillaient dans le domaine que je souhaitais investir étaient très peu nombreux. Le plus connu était Jeremstar, dont l'approche était aux antipodes de celle que je souhaitais développer. En ce qui concernait son style, je trouvais qu'il s'adressait à ses invités sur un ton familier et souvent vulgaire. Quant à la forme, je jugeais l'image *cheap*, kitsch, filmée en plan fixe, avec des coupes grossières. En résumé, à mes yeux, le traitement de l'image laissait à désirer. Bien sûr, je ne condamne pas le travail de Jeremstar. Cet aspect brut et rudimentaire faisait partie de l'identité de son émission, et a indéniablement contribué à son succès. C'était ce que les gens aimaient chez lui, et tant mieux.

Mon intention initiale n'était donc pas de me démarquer de Jeremstar, mais tout simplement de proposer une émission à mon image, tout en important sur le Web les moyens et la qualité qui étaient habituellement réservés à la télévision. Évidemment, cela ne s'est pas fait sans son lot de couacs et de problèmes techniques, mais tout ça m'a aidé à mieux faire et à progresser.

Il ne s'agissait pas seulement de réaliser de « belles images ». Je souhaitais également soigner l'écriture de mes interviews. D'une manière générale, je trouvais que le candidat de téléréalité n'était pas traité avec les mêmes égards que ceux réservés habituellement aux acteurs, chanteurs et artistes en tout genre. Pourquoi se permettait-on de les insulter ? De les humilier ? De les ridiculiser ? Comme si le candidat de téléréalité n'était pas un invité comme un autre et ne méritait pas qu'on s'adresse à lui avec respect.

Bien entendu, ce goût du trash participe d'une logique perverse. Aujourd'hui, à quelques exceptions près, le fonctionnement de l'industrie de la téléréalité est dominé par un seul principe : le buzz. Or, pour créer le buzz, il faut choquer, quitte à faire des choses douteuses, et à se faire humilier sur Internet ou sur les réseaux sociaux par la suite.

L'humiliation, la misogynie et souvent même la

violence sont rémunérées en taux d'audience, de clics et de placement de produits (nous y reviendrons, évidemment) : plus tu seras humilié, plus tu seras cliqué, plus on parlera de toi, plus tu auras l'impression d'être connu, plus tu auras le sentiment d'exister, et plus tu seras payé ! Jusqu'à ce que quelqu'un d'autre prenne ta place…

Mes règles du jeu étaient différentes. Je ne voulais plus encourager les candidats à se mettre dans des situations compromettantes et à se couvrir de ridicule. Je souhaitais, au contraire, tout faire pour les mettre en valeur et donner un nouvel éclairage sur leur personnalité. Je désirais faire un autre pari : celui de l'écoute, de l'intimité et de l'authenticité. Pour autant, cela ne signifie pas que je cherche à éviter les questions qui fâchent. On peut tout dire, à condition d'y mettre les formes, de bien choisir ses mots et d'argumenter. Libre à chacun de faire comme il le souhaite, mais c'est ainsi que je procède.

Dans les premières semaines, afin d'assurer à ma chaîne une visibilité suffisante au début de son existence, j'avais contacté des magazines people présents sur le Web. Mon objectif, toujours dans le cadre de mon étude de marché, était de trouver

Photo : © Pascal Ito

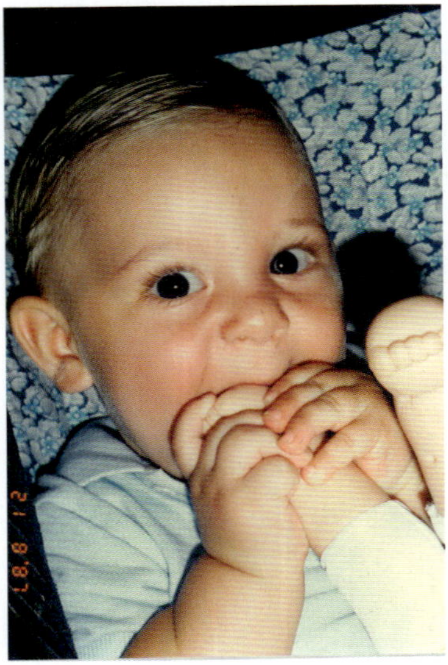

1987 : à dix mois, à Montpellier,
où je suis né.

Avec ma mère et ma sœur, peu de temps après ma naissance. De 4 ans mon aînée, ma sœur était très inquiète de me voir entrer dans la famille.

Avec mon père et ma sœur, visiblement rassurée. J'aime beaucoup le regard de mon père sur cette photo. Il semble à la fois serein et fier de sa famille.

À Palavas-les-flots, où nous passions nos étés en famille. Enfants, ma sœur et moi étions fusionnels, je la suivais partout !

À la maternelle, je jouais déjà à travailler. J'ai toujours aimé ça.

Portrait du CP, où je ne semble pas très épanoui.

En CE1, où je m'affirme davantage : les photos de classe étaient pour moi l'occasion de me coiffer et de m'habiller comme un petit adulte, quitte à supporter les moqueries des autres.

Un portrait de mes parents, rayonnants.

Portrait de la 6e, avec un look plus neutre, qui passait mieux au sein de mes camarades.

À la synagogue. À droite,
ma mère rit et moi,
je semble concentré
sur la prise de la photo.

Dans notre jardin, avant un mariage.
La chose qui me plaisait, dans ce genre de fêtes,
c'était de me préparer avec soin, de porter un costume,
un accroche-cœur, de me coiffer…

En vacance en Tunisie, l'été avant la 6e.
Je me préparais à ce saut vers l'inconnu.

Dans notre salon, sous l'objectif
de mon père, qui m'a aidé à recréer
un modèle de John Galliano
à l'aide de papiers journaux.

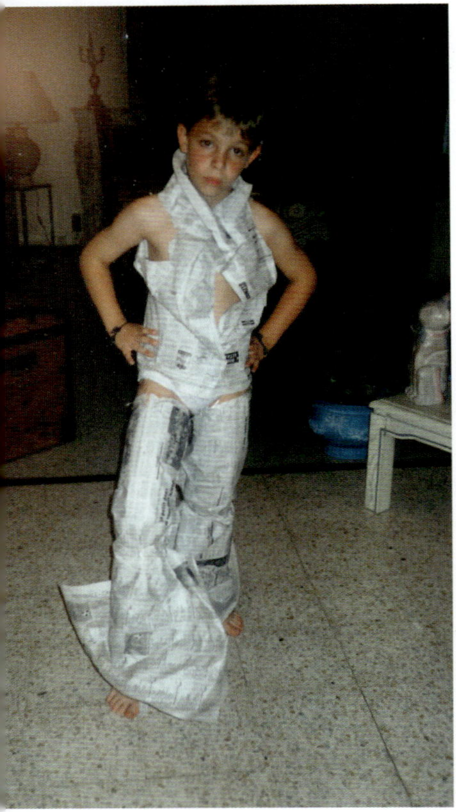

Plus tard, j'ai pu m'acheter le fameux
modèle Gazette de John Galliano,
que je porte ici au mariage
de ma sœur.

Le jour de ma bar mitzvah,
en 5e, avec mes parents
et ma sœur.
A la synagogue,
je ne me sentais pas à ma place,
mais je voulais faire plaisir
à mes parents.

Une photo de la cérémonie religieuse, alors que je lisais en hébreux ma paracha, texte de la Torah.

Parce que je suis né
un vendredi, au moment
de shabbat, ma grand-mère
avait « prédit » que
je deviendrai rabbin.
La vocation n'étant pas venue,
je m'amusais à parodier
les religieux.
Mon père riait aux éclats.

Pour la soirée qui a suivi la cérémonie, j'avais interprété une chanson avec une amie : « *les enfants de l'an 2000* ». Sur scène, j'étais dans mon élément !

Ado, je produisais des séries (ici : *Amour et passion*) dans lesquels « j'engageais » mes amies en leur faisant signer un contrat « d'acteur », comme celui-ci.

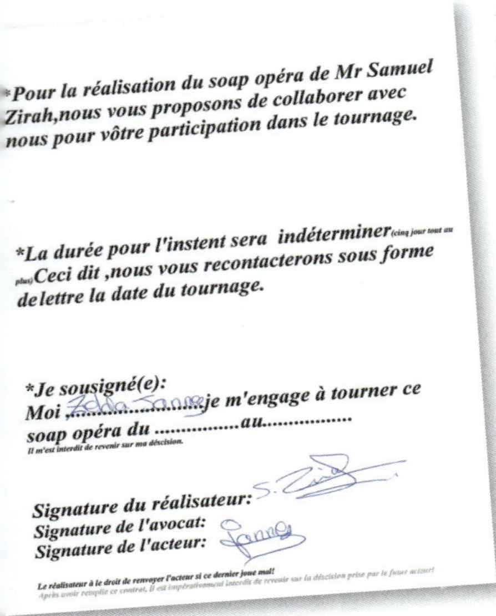

***Pour la réalisation du soap opéra de Mr Samuel Zirah,nous vous proposons de collaborer avec nous pour vôtre participation dans le tournage.**

***La durée pour l'instent sera indéterminer**(cinq jour tout au plus)**Ceci dit ,nous vous recontacterons sous forme de lettre la date du tournage.**

***Je sousigné(e):**
Moi ....je m'engage à tourner ce soap opéra du ....au..................
Il m'est interdit de revenir sur ma déscision.

Signature du réalisateur:
Signature de l'avocat:
Signature de l'acteur:

Le réalisateur à le droit de renvoyer l'acteur si ce dernier joue mal!
Après avoir remplie ce contrat, il est impérativement interdit de revenir sur la décision prise par le futur acteur!

Dès cette époque, je jouais à interviewer mes amies qui tournaient dans mes productions. Je leur posais des questions sur leur rôle, leur implication, leur ressenti… Ca vous rappelle quelque chose ?

Dans ma salle de jeu, où je m'enfermais pendant des heures, tout seul, pour travailler sur mes projets de spectacle.

À Palavas-les-flots, l'hiver de la 5e, en pleine séance photo avec ma meilleure amie, afin d'illustrer nos projets.

Au collège, je m'efforçais d'adopter le *street look* populaire à cette époque, afin de contourner les moqueries. J'essayais d'être quelqu'un que je n'étais pas.

Avec ma meilleure amie Zelda, en 5e, quand je tentais encore de ressembler aux autres.
Sa chambre témoigne de nos passions de l'époque : Britney Spears et Buffy contre les vampires !

Dans mon premier appart à Montpellier, avec mes deux meilleures amies, juste avant de sortir danser. Comme on peut le voir, on cultivait un look excentrique.

Avec ma best, Rita. Au lycée, ma salle de jeu s'est transformée en night club privé, Le Privilège, où nous faisions des fêtes avant même d'avoir l'âge de sortir.

Sur la cage de la Villa rouge, la boîte de nuit emblématique où nous allions chaque samedi. Inséparables, on nous appelait « le trio ». Nos premiers vrais moments de liberté !

Pour mes 18 ans, nous avions dîné au restaurant de la Villa rouge, j'avais fait confectionné mon dessert préféré : une tarte au citron meringuée.

Mon premier job dans l'univers du luxe : vendeur pour Givenchy. Je devais porter un costume et vendre des sacs magnifiques : un pur bonheur !

Au siège de Burberry, alors que j'étais directeur adjoint de trois boutiques. Je formais les nouveaux entrants, j'adorais animer ces formations et transmettre mon savoir.

Dans la réserve de Burberry, où j'avais mon bureau, avec mon meilleur ami Olivier.

Photos issues du shooting que j'ai pu m'offrir grâce à mon premier job chez Sephora. Je devais avoir des photos de comédien pour les Cours Florent.

En 2013, quand j'étais chroniqueur TV. Je tourne ici le pilote d'une émission.

Dans les loges, avant de monter sur le plateau.

Au maquillage, avant l'émission quotidienne dans laquelle j'intervenais.

À mon bureau, chez moi,
en plein montage.

Même quand je travaille, ma chienne
Shanelle n'est jamais loin.

Extrait de mon spot publicitaire, diffusé pendant plusieurs semaines à la télévision.

Sur le tournage de mon spot publicitaire.

Avec ma sœur Sabrina,
le jour de son mariage.

Avec ma nièce Eden, au restaurant.

Sur le toit du Printemps Haussman, l'un de mes repères de prédilection. J'y avais emmené mon père à déjeuner, quand il était venu me rendre visite à Paris.

Du côté de Palavas, avec mon chéri. Je prends garde à toujours respecter son désir de discrétion.

Mon amie Rita, hôtesse de l'air, m'avait reçu comme un roi à Dubai, en réservant un yatch.

À Palavas, avec Rita et Zelda, mes meilleures amies.

Avec Olivier, le jour de mon anniversaire. J'avais loué une immense bâtisse, et réuni ma famille et mes amis proches, pour passer du bon temps tous ensemble pendant 3 jours !

Avec ma chienne Shanelle, de retour de chez le véto. Elle a son propre compte Facebook (Shanelle Zirah) sur lequel je poste beaucoup de photos d'elle ou de nous.

Je suis très proche de ma maman.
Nous n'avons pas peur de nous témoigner notre affection, de nous dire qu'on s'aime.

Avec Stéphanie, sur le Champ de Mars.
Nous nous sommes rencontrés alors que nous travaillions pour une webradio.
Un vrai coup de foudre amical.

Avec ma mère et ma sœur, à Bouzigues, où nous avons l'habitude d'aller fêter l'anniversaire de notre maman.

un média qui accepte de relayer mes vidéos, encore inconnues.

Après plusieurs mails échangés, j'ai été reçu par le directeur de publication de la branche web du magazine *Public*, et je lui ai montré un épisode pilote de mon émission *En toute intimité*, avec en tête d'affiche deux stars des *Marseillais*, Adixia et Paga.

Il a été plutôt réceptif à ma présentation, mais m'a dit que mon format et ma ligne éditoriale ne correspondaient pas à ce que recherchait le « spectateur lambda » de téléréalité. Mon émission était, selon lui, trop propre, trop lisse, trop soignée, trop gentille, en d'autres termes : pas assez trash. Persuadé qu'il se trompait sur les attentes du « spectateur lambda », je l'ai convaincu de me laisser une chance. J'avais, quant à moi, l'intime conviction du potentiel de réussite de mon émission. J'ai insisté, et il m'a fait confiance.

Ainsi, les quatre premiers numéros de *En toute intimité* ont été diffusés en parallèle de ma chaîne Youtube sur Public.fr. Notre collaboration a duré deux ans, deux ans durant lesquels ma chaîne n'a cessé de prendre de l'ampleur.

Ce partenariat a généré un malentendu et mes détracteurs se sont empressés d'attribuer la réussite de ma chaîne au magazine *Public*. On m'accusait de travailler avec leurs moyens, et de bénéficier de leurs réseaux… *Fake news* ! *Public* n'a été pour moi qu'un relais. De mon côté, j'ai construit ça à la sueur de mon front et avec ma propre équipe. Je n'ai bénéficié d'aucune aide, d'aucun piston, je me suis fait tout seul. Depuis le lancement de mon émission *En toute intimité*, je travaille « en toute indépendance » : j'ai ma propre société de production, 2ZS Production, et j'ai créé ma propre société de communication, 2ZS Créative. Me sentir libre de mes choix et de mes actes a toujours été primordial.

Au collège, je n'ai pas eu mon brevet, mais en terminale j'ai eu mon bac. Plus tard, lorsque je cherchais un travail, je n'ai pas été pris pour être vendeur chez Zara, mais j'ai été embauché chez Givenchy. Quand j'ai quitté la télévision, je l'ai vécu comme un drame. Pourtant, j'ai pu créer ma chaîne Youtube. Ce que je veux dire, c'est que derrière ce que l'on voit comme un « échec » se cache toujours une réussite. Je suis même convaincu qu'il en est le fondement. Le succès ne peut exister sans l'échec, au même titre que le bas n'existerait pas sans le haut. Quand j'ai fait l'expérience de cette conviction, de nombreuses peurs se sont dissipées, parce que j'ai compris que la vie nous réserve encore mieux si l'on persiste et si l'on y croit.

C'est ainsi que petit à petit, sans m'en rendre compte, je suis devenu une « personne publique ». Lorsque des gens ont commencé à murmurer sur mon passage, j'ai su que quelque chose se passait. Mon nombre d'abonnés n'avait cessé d'augmenter, mais j'avais trop de travail pour m'en préoccuper. Cette soudaine notoriété, je l'avais désirée, et pourtant devenir tout à coup l'objet de l'attention d'inconnus me mettait mal à l'aise.

Ce qu'il faut savoir, c'est qu'en tant que youtubeur je travaille de 7 heures à 22 heures, presque sept jours sur sept. Mes yeux ne quittent jamais l'écran de mon ordinateur, ni celui de mon smartphone, sauf lorsque je suis en tournage ou en train d'écrire une interview, de travailler à l'élaboration de nouveaux projets. Mon cerveau est constamment mobilisé ; même lorsque je dors, je rêve des émissions qu'il faut que j'écrive. En résumé, je ne décroche jamais, et ne m'octroie aucune pause tant que je n'ai pas atteint mes objectifs. Le métier de youtubeur est si chronophage qu'à la fin de la journée je n'ai plus que quelques poignées de minutes à accorder à mon copain. En résumé, j'ai beaucoup de mal à sortir de ma bulle.

J'avais pensé qu'être reconnu me permettrait d'apprendre à m'aimer et me guérirait de ma phobie du regard des autres. Je m'étais trompé. Pourtant, quand les gens m'abordent timidement dans la rue en me remerciant pour ce que je fais, je suis empli de reconnaissance. Je n'avais pas conscience d'être à ce point entré dans vos vies et de faire autant partie de votre quotidien. Vous regardez mes émissions en famille, entre amis, au travail à la pause déjeuner, entre deux cours, ou en session de rattrapage intensif le dimanche. C'est même vous qui me conseillez de lever le pied et de me reposer.

Vous me félicitez toujours pour ma bienveillance, mais en réalité c'est vous qui êtes bienveillants envers moi. Quelle chance j'ai, d'avoir une communauté si attentionnée…

Pour moi, ce que nous vivons, ensemble, n'est pas si éloigné de ce que vit une famille. Parfois on sourit, parfois on pleure, parfois on rit, parfois on est en colère, aussi, on n'est pas toujours d'accord, mais c'est ce qui fait toute la richesse de nos échanges.

10

Pour la télévision de demain

Nous ne pouvons pas devenir ce que nous voulons être en restant ce que nous sommes.

OPRAH WINFREY

Au final, pourquoi regarde-t-on la télévision ?

Réfléchissons ensemble : peut-être devrions-nous commencer par en définir le rôle.

Informer.

Divertir.

Représenter.

Ces trois missions doivent être envisagées conjointement. Elles doivent être liées : un programme, quel qu'il soit, se doit d'informer, de divertir et de représenter.

Que font, dans leur majorité, les programmes

de téléréalité ? Ils divertissent, ce qui n'est déjà pas mal…

Mais ne serait-ce pas plus constructif, pour le téléspectateur, d'apporter aux programmes actuels une valeur ajoutée ?

J'ai quelques questions pour vous :

1. Une émission de téléréalité dont les candidats seraient le reflet de la diversité de notre pays serait-elle moins divertissante ? À l'heure où le vivre-ensemble paraît de plus en plus menacé, cela pourrait avoir un intérêt, non ?

Pour vous donner une idée, je me suis livré à quelques calculs[1]. J'ai sélectionné les six émissions[2] les plus présentes, et encore en diffusion, dans le paysage de la téléréalité sur ces huit dernières années et j'ai calculé le pourcentage de candidats noirs, asiatiques et homosexuels[3].

Attention les yeux…

D'après mon recensement, l'émission dans

1. Je précise que ces calculs peuvent comporter une marge d'erreur.

2. *Les Anges*, *Les Marseillais*, *Les Marseillais vs le reste du monde*, *Moundir & les apprentis aventuriers*, *Les Princes de l'amour*, *La Villa des cœurs brisés*.

3. Attention, il existe bien d'autres minorités sous-représentées, voire pas représentées, dans l'industrie de la téléréalité !

laquelle on constate la plus forte présence de candidats homosexuels serait celle des *Anges*, diffusée sur NRJ12, avec 3,6 % des candidats en onze saisons, soit 8 candidats sur 218. Notons tout de même que l'homosexualité de certains candidats n'était pas affichée, et que la relation lesbienne développée par Aurélie et Andréane dans la saison 8 des *Anges* était une supercherie, comme elles l'ont dévoilé par la suite dans mon émission[1]. En ce qui concerne les candidats noirs, ils représenteraient 3,6 %, les Asiatiques 1,8 %.

Les pires élèves en matière de diversité seraient *Les Marseillais*, *Moundir & les apprentis aventuriers*, *Les Marseillais vs le reste du monde,* toutes trois étant exploitées par la même société de production et diffusées sur W9, avec un pourcentage de candidats homosexuels, noirs et asiatiques compris entre 0 et 0,08 %, toujours d'après mon recensement.

Dans *Les Princes de l'amour*, diffusée sur W9, et *La Villa des cœurs brisés*, diffusée sur TFX, le pourcentage de candidats homosexuels, noirs et asiatiques serait compris entre 0 et 4,1 %.

Pour résumer, en huit ans, les six émissions

1. Voir : https ://youtu.be/oFlbmIffDKM

de téléréalité les plus implantées dans le paysage audiovisuel français, selon moi, auraient mis en avant 0,6 % de candidats asiatiques, 1,7 % de participants LGBTQ et 2,3 % de candidats de couleur noire.

Notons tout de même que *La Bataille des couples* (le spin-off de *La Villa des cœurs brisés*), elle aussi diffusée sur TFX, a pour la seconde fois représenté dans une émission de téléréalité de compétition un couple lesbien, Fanny et Nani dans la saison 2. Auparavant, en 2008, dans une autre émission, *Secret Story*, on peut retenir, en saison 2, la présence de Samantha et Nathalie, qui défendaient le secret «Nous sommes en couple». Concernant les candidates et candidats transgenres, en près de vingt ans, je n'en recense que trois : Erwan, dans la saison 1 de *Secret Story* sur TF1, qui défendait le secret : « J'ai décidé de changer de sexe » ; Thomas, dans la saison 10 de la même émission, cette fois diffusée sur TFX, et dont le secret était : « Je suis le premier homme enceinte au monde » ; et Sanaya, dans la saison 2 des *Vacances des Anges*, sur NRJ12.

Honnêtement, que vous inspirent ces chiffres ? Concernant la quasi-absence de candidats noirs, la directrice de casting d'une émission célèbre m'a un jour confié qu'ils n'étaient généralement pas au goût des autres candidats, qui se disaient réticents à se mettre en couple avec une « personne de couleur ». Ceci explique cela…

2. Une émission de téléréalité dans laquelle les femmes ne se feraient pas systématiquement tromper et humilier par un homme serait-elle moins divertissante ? À l'heure du mouvement MeToo et après que plusieurs chaînes ont été épinglées par le CSA[1] pour avoir véhiculé des propos sexistes et dégradants vis-à-vis de la gent féminine, cela pourrait être intéressant, non ?

À moins que le harcèlement et le sexisme ne fassent partie de l'écriture de certaines émissions ?

3. Une émission de téléréalité qui montrerait des jeunes femmes qui s'acceptent comme elles sont, au moins dans une certaine mesure, serait-elle moins divertissante ? À une époque où les jeunes

1. Le Conseil supérieur de l'audiovisuel (CSA) a pour mission de garantir et de réguler tout ce qui est diffusé à la télévision et à la radio, entre autres. En 2016, notamment certaines séquences des *Anges*, du *Bachelor* ou des *Marseillais* valaient aux chaînes NRJ12, NT1 et W9 un rappel à l'ordre du CSA.

filles n'ont jamais eu autant recours à la chirurgie esthétique pour tenter d'approcher un idéal de beauté inatteignable, cela ne serait-il pas bénéfique pour les jeunes téléspectatrices ?

Le recours de plus en plus précoce à la chirurgie plastique me semble très préoccupant. En février 2019, une étude, publiée par *Le Parisien*[1], révélait en effet qu'en France les 18-34 ans avaient désormais davantage recours à la médecine plastique que les 50-60 ans.

4. Une émission de téléréalité qui invite le téléspectateur à réfléchir sur des sujets de société comme l'usage de la chirurgie esthétique, l'égalité hommes-femmes, le sexisme, les stéréotypes ou encore les dangers de la drogue, tout en continuant à développer des intrigues entre candidats, serait-elle moins divertissante ? Ferait-elle moins d'audience ?

Honnêtement, j'en doute, mais cela obligerait les producteurs et les distributeurs à faire preuve d'un peu plus d'audace et d'imagination.

La société a évolué. Pourquoi les émissions de

1. Voir : http ://www.leparisien.fr/societe/chirurgie-esthetique-comment-les-fans-de-telerealite-sont-manipules-02-02-2019-8002365.php

téléréalité se font-elles si peu souvent l'écho de ces mutations ? Aujourd'hui, j'ai l'impression que ces programmes se font au détriment du public et de la société. Pourquoi le téléspectateur de la téléréalité est-il oublié par ceux qui la fabriquent ?

Travailler avec le milieu de la télévision m'a convaincu d'une chose : oui, la télévision a le pouvoir de faire évoluer les mentalités. La téléréalité, parce qu'elle s'adresse avant tout à une très large audience, a donc une responsabilité auprès de son public.

Aujourd'hui, il ne s'agit plus d'être à la télévision, sur Youtube ou sur les réseaux sociaux. Il s'agit de faire partie intégrante du paysage du divertissement, réservé pendant des décennies au petit écran. Les règles ont définitivement changé, même si les médias traditionnels ont longtemps eu du mal à le concevoir.

Créée en 2005, la plate-forme Youtube est aujourd'hui perçue comme un canal leader et prise très au sérieux : les annonceurs la plébiscitent, les émissions télévisées s'y essaient et s'en inspirent, les médias y puisent des images et du contenu pour illustrer leurs sujets, les grandes écoles organisent des conférences avec les youtubeurs les plus influents, et les talents s'y révèlent dans tous les domaines.

Côté internautes, chacun a le pouvoir de choisir ce qu'il souhaite visionner, quand et où il le veut (le succès des plate-formes émergentes de streaming en témoigne). Le créateur d'une chaîne Youtube peut s'exprimer librement, sans être bridé par des codes imposés ; il est son propre patron et développe ses contenus sans cadre strict. Il offre ainsi à son audience un accès direct à sa créativité la plus pure, avec une liberté sans égale.

Malgré ça, ce n'est pas sans une certaine fierté que j'ai vu la publicité de ma chaîne Youtube diffusée durant plusieurs semaines à la télévision. Certains trouveront cela présomptueux, il n'en est rien. Pour tout vous dire, ma fierté ne venait pas simplement du fait que j'étais le premier youtubeur français à promouvoir sa chaîne au travers d'un spot TV. J'étais surtout fier parce que je venais de prendre conscience du chemin que j'avais parcouru grâce à ma chaîne Youtube, justement sans le biais de la télévision.

Pendant longtemps, j'ai convoité le petit écran. Émerveillé par ce canal de diffusion, l'enfant que j'étais le mettait sur un piédestal. Aujourd'hui, sur Youtube, je mesure la chance que j'ai de participer à cette nouvelle ère révolutionnaire qui bouleverse le paysage médiatique : celle de la nouvelle télévision 3.0.

11

Profession : youtubeur

Les rêves donnent du travail.
PAULO COELHO

À quoi ressemble la journée d'un youtubeur ? Cette question, on me la pose très souvent. Eh bien, pour un youtubeur, il n'existe pas de « journée type », tout dépend de la thématique et du concept de chacun.

Quand j'ai commencé, je ne connaissais rien à Youtube. Le seul usage que j'en faisais était pour regarder des clips de Britney Spears, c'est dire. Si je suis allé sur Youtube, c'est que j'y voyais une opportunité que ne m'offrait pas la chaîne de télévision pour laquelle je travaillais alors. Mais j'étais loin de réaliser la somme de travail qui m'attendait, je n'avais pas conscience que c'était un métier, et encore moins que j'allais gagner ma vie avec.

Lorsque je me suis lancé, j'ai commencé à travailler de chez moi, entre les quatre murs de mon appartement du 3e arrondissement. Un appartement typiquement parisien, parquets, poutres apparentes et cuisine ouverte. Ce lieu, j'y suis pratiquement 24 h/24, sept jours sur sept : j'y vis, j'y dors, j'y mange, j'y travaille, non-stop. Dans ces conditions, impossible de séparer vie professionnelle et vie privée, impossible de décrocher. Plus ma chaîne a pris de l'ampleur, plus les portes du numérique se sont ouvertes, et plus celles de la vraie vie, elles, se sont fermées. Submergé par le travail, je ne sortais plus de chez moi, ne rencontrais plus personne d'extérieur à ma profession, et me coupais progressivement du monde réel et des autres.

À quoi ressemble ma journée type ? Je me lève vers 6 h 45, je me prépare un café allongé à l'extrême, et sans même avoir pris la peine de m'habiller ou de prendre une grande inspiration, je m'installe devant mon poste de travail. Je consulte ma *to do list* de la journée. Celle-ci est rédigée sur un bloc-notes géant sur lequel je note absolument tout, du matin jusqu'au soir : la moindre de mes actions y est répertoriée et chronométrée.

Ensuite, j'enchaîne sur le titrage[1] de mes vidéos (en moyenne, quatre à cinq vidéos sont mises en ligne par jour), commence à rédiger mes interviews à venir et effectue toutes les recherches nécessaires.

Vers 10 heures, les appels et sollicitations en tout genre commencent à fuser. Il faut être partout : coordonner les plannings de tous les intervenants, composer avec les imprévus des uns et des autres, me préparer aux nombreux tournages du jour (il m'est déjà arrivé d'enregistrer jusqu'à douze interviews dans la journée), tout en continuant de répondre aux interrogations, doutes et coups de pression de chacun. Être youtubeur, avec ma thématique, c'est donc être chef de projet, directeur de communication, directeur de la publication, régisseur, programmateur, réalisateur, metteur en scène, comptable, psychologue, secrétaire… J'ai appris à être un couteau suisse.

En bref, je suis devenu une machine de guerre qui ne s'arrête jamais. J'étais drogué à la vidéo.

1. Titrer une vidéo, cela consiste à élaborer tout le texte qui accompagne sa publication : du titre jusqu'au texte de présentation en passant par les tags de référencement.

Drogué à mon travail. Drogué à Youtube. Mon travail a fait naître en moi la peur permanente de décevoir, et de ne jamais en faire assez. J'étais devenu à mon insu quelqu'un de triste qui devait tout le temps s'efforcer d'avoir l'air heureux. M'accorder quelques minutes de répit m'était impossible et me faisait instantanément culpabiliser : le moindre temps mort se transformait en crise d'angoisse.

Au fil des mois, mon activité de youtubeur se développait de façon exponentielle, au point de prendre toute la place dans ma vie. Si j'avais réalisé mes premiers essais vidéo avec l'enthousiasme et la candeur de la découverte, cette activité devint très vite une obsession : chaque instant, chaque geste, chaque pensée étaient consacrés à mon travail, ce monde dans lequel je m'enfermais et dont rien ne venait me distraire. Il devint inenvisageable de perdre 15 minutes à faire des courses au supermarché, d'aller à la salle de sport, de prendre un verre avec mes amis, et même de répondre aux coups de téléphone de mes proches. Soumis à une discipline militaire, je ne m'autorisais que le strict nécessaire, en dehors de mon activité. Et plus mes *to-do lists* s'allongeaient, plus ma fatigue et mon irritabilité grandissaient.

Interviews, vidéos de Noël, vidéos d'été, enquêtes, documentaires, vidéos personnelles… *Je n'aurais pas dû poser cette question, pourquoi j'ai dit ça ? Bingo, je dois creuser cet angle avec cet invité, ne pas oublier d'expliquer ça dans mon livre…* J'avais dans la tête un moulin à pensées, qui tournait en permanence, nuit et jour : de nouvelles idées me venaient dans mon lit, sous la douche, au téléphone avec ma mère, en plein dîner romantique, en vacances, à mon anniversaire… Je ne pensais plus qu'à mon travail, mes vidéos, mes montages, mes titrages, mes corrections, mes programmations, mes auto-objectifs. Pas une seconde ne passait sans que je rumine et que j'anticipe les nombreuses tâches à venir. Mon insatiable besoin de réussite avait pris le contrôle de ma vie.

C'est triste à admettre, mais depuis plusieurs années, je ne sais plus ce que c'est que de me « sentir bien ». Un été, au détour d'une des discussions philosophiques que nous chérissons tant avec ma meilleure amie Zelda, j'ai réalisé ce qu'il m'était jusqu'à présent impossible à concevoir : je vis dans le futur ! J'ai compris que mes pensées n'étaient jamais centrées sur le moment présent. Etais-ce ce qui causait mes tocs quotidiens, et cette la boule au ventre que je ressentais en permanence ? Etais-ce la raison de mon mal être, et de mon anxiété ?

Je soupçonne aujourd'hui que cet état d'anticipation constante m'empêche de me sentir exister dans l'ici et maintenant. À trop vivre dans le futur, nous perdons de vue l'essentiel : le bonheur, le bien-être, la sensation d'être, tout simplement. Mais si je m'efforce de prendre de la distance par rapport à mon travail, serais-je heureux pour autant ? Si j'empêche mon cerveau de me projeter, ne mettrais-je pas en péril tout ce que j'ai construit ? Ces pensées insidieuses, au va et vient constant, vont-elles diriger mes émotions toute ma vie ? Hanteront-elles mon cerveau jusqu'à ma mort, comme un fantôme hante une maison ? Si intrusives soient-elles, elles me donnent du moins l'illusion de contrôler ma vie. Cependant, en les laissant envahir nuit et jour mon esprit, ai-je vraiment le contrôle ?

Voilà l'illustration d'un millième des pensées qui s'emparent de moi à chaque instant. Il est très difficile de contrôler cette petite voix intérieure, qui me confronte sans cesse à mes peurs les plus profondes. Un jour, la trouvant trop bavarde, j'ai essayé de la dompter. Pour cela, il me fallait d'abord l'identifier précisément : était-elle vraiment moi, ou la porte-parole de mes névroses ? Une idée m'est alors venue : et si, au lieu de la voir comme une ennemie, je décidais de la considérer comme une alliée, que je consulterais quand je le déciderais ? Alors, j'ai entamé un exercice : dès qu'elle s'élevait de façon importune pour me flageller sans bienveillance, en ressassant ce que j'avais fait, ce que je n'avais pas encore fait ou ce que je devrais faire, je lui refusais l'accès à mon cerveau. Après tout, je ne l'avais pas invitée. Si elle revenait à la charge en me rappelant tout ce que j'avais mal fait ces derniers jours, je lui répondais que j'avais fait de mon mieux. Parfois, elle se montrait très insistante, comme une enfant capricieuse, mais avec le temps, à force de persévérance, je réussis à la maintenir à distance.

Je sais que cet exercice est plus facile à décrire qu'à mettre en pratique, et j'ai conscience du travail qu'il me reste à faire sur moi. Cependant, c'est une expérience qui m'a vraiment aidé à me sentir mieux, et je vous conseille de l'essayer si vous en ressentez le besoin. Après tout, si notre cerveau est comme un ordinateur, il nous suffit de le reprogrammer de temps en temps. J'ai même trouvé un nom à ma petite voix intérieure : elle s'appelle Jacob (mon deuxième prénom, que je n'aimais pas). Et la vôtre ?

Actuellement, je considère que je suis en phase de sevrage. Par la force des choses, j'ai compris la nécessité qu'il y avait à reconquérir cet espace de liberté de pensée et de parole qui m'avait filé entre les doigts. C'est encore un travail en cours, qui ne se fait pas du jour au lendemain, mais je m'y emploie, pour moi et pour mes proches.

Quoi qu'il en soit, être youtubeur, c'est donc se montrer capable d'occuper tous les postes au sein d'une entreprise dynamique dont on est aussi le patron. C'est pour cette raison qu'il faut savoir s'entourer des bonnes personnes. Comment ne pas remercier tous ceux qui officient dans l'ombre, à mes côtés, et qui contribuent à faire de mon émission *En toute intimité* ce qu'elle est aujourd'hui ?

Julien, mon cameraman, qui m'accompagne depuis mes débuts, et qui a été l'un des premiers à croire en mon projet.

Ghislain, monteur hors pair, qui dégaine les montages vidéo plus vite que son ombre et dont j'ai fait la connaissance à la télévision.

Emma, ma stagiaire, étudiante en école de communication, qui pendant ses périodes de stage m'a supporté du matin au soir (je dois avouer que dans le travail je suis souvent très exigeant et assez impatient…).

Justine, ma maquilleuse, qui prend si bien en charge les invités et qui fait preuve de tant de délicatesse et de disponibilité.

Et enfin, même si on ne travaille pas officiellement ensemble, mon chéri, qui vit sur mon lieu de travail, et m'apporte un regard extérieur et souvent très pertinent sur mon activité.

Je dois l'avouer, je suis fier d'être youtubeur et ne me considère pas comme un journaliste, même si certains aspects de mon travail s'y apparentent parfois.

12

Être un bon intervieweur

Ce que le public te reproche,
cultive-le : c'est toi.
JEAN COCTEAU

En lançant ma chaîne Youtube, et en développant le concept de mon émission *En toute intimité*, j'ai essayé, comme je l'ai dit, de proposer aux consommateurs de téléréalité une nouvelle approche de ce milieu basée sur plus de bienveillance et de respect. Depuis cinq ans, je construis mes interviews en espérant que mes invités se sentent suffisamment à l'aise pour se montrer tels qu'ils sont vraiment, et tels que nous sommes tous : des êtres humains avec des fêlures et des doutes, des échecs et des succès.

Ce sont nos failles qui nous rendent beaux, car ce sont elles qui font de nous des humains.

Donner à voir ces failles, pour moi, c'est une de mes missions d'intervieweur.

Aussi, il ne se passe pas un jour sans que je m'interroge sur mon métier : qu'est-ce que ça veut dire, au fond, être un « bon intervieweur » ? Après tout, c'est un métier que j'ai appris en autodidacte et que j'ai toujours pratiqué à l'instinct.

Je n'ai pas fait d'école de journalisme. Parfois je le regrette, car j'y aurais sans doute beaucoup appris. En revanche, ce dont je suis convaincu, c'est que « c'est en forgeant que l'on devient forgeron ». En d'autres termes, c'est avec la pratique que viennent l'expérience et la maîtrise. Or, il n'y a pas de pratique sans travail, sans rigueur et sans remises en question.

Un bon intervieweur, c'est avant tout quelqu'un qui prépare son sujet. Lorsque je reçois un candidat de téléréalité ou un artiste, je ne me contente pas des trois premiers articles qui apparaissent après avoir tapé son nom dans le moteur de recherche : je fouille, je trie, j'assemble, je secoue jusqu'à obtenir une sorte de grande salade composée avec des ingrédients choisis avec soin (locaux, de saison et de préférence sans pesticide, bien sûr !).

Une fois que j'ai réuni les faits, les rumeurs, les témoignages extérieurs, j'analyse le fruit de mes recherches et accorde évidemment une place non négligeable à mes intuitions. *En toute intimité* est un espace de témoignage, ce n'est pas un cadre où règne une vérité absolue. Chaque invité arrive avec sa propre subjectivité, sa propre histoire, sa propre vérité. Par exemple, dans le cas d'un clash entre plusieurs candidats, je fais en sorte de ne jamais favoriser la version de l'un par rapport à celle de l'autre, je me charge plutôt de les mettre en parallèle, afin de laisser le spectateur libre de tirer ses propres conclusions. Analyser, c'est résister à la tentation de s'indigner et tenter de comprendre ce qui se cache derrière les polémiques.

Tous les candidats peuvent venir s'exprimer chez moi. Je n'en privilégie pas un au détriment d'un autre. Mais si quelqu'un ne vient pas, je ne peux pas le défendre à sa place, ni parler pour lui. Il est légitime que je sois à l'écoute d'un invité qui a accepté d'échanger en toute intimité, au détriment de celui qui a décliné l'invitation. Par la force des choses, nous partageons ensemble un moment privilégié, j'apprends donc à mieux le connaître, une empathie naturelle se crée, comme lorsque vous rencontrez quelqu'un dans la vie.

Je suis aussi un être humain, j'ai des coups de cœur, des indignations, des émotions, et je fais aussi des erreurs. De ces erreurs, j'essaie toujours d'apprendre et de tirer des leçons.

Être un bon intervieweur, c'est, je crois, essayer de mettre de côté ses préjugés, tout en étant à l'écoute de ses intuitions, pour se laisser surprendre par la réalité.

Enfin, une fois que l'interview est écrite et solidement préparée, vient le moment de l'entretien, donc celui de la rencontre avec mon invité. C'est ce moment d'échange et d'interaction qui me plaît le plus. Il arrive qu'un invité m'étonne, qu'il dise des choses qu'il n'a jamais dites ailleurs, qu'il exprime ses émotions enfouies, qu'il révèle une facette de sa personnalité que je ne soupçonnais pas et que cela m'oblige à improviser. Et là, c'est extraordinaire, parce que je sens monter en moi l'excitation, mon cœur battre la chamade. Les imprévus, c'est ce que je préfère !

Cela dit, improviser… ça ne s'improvise pas ! Pour être bon dans cet exercice, il faut avoir beaucoup travaillé en amont et, donc, maîtriser son sujet pour être capable de dégainer au bon moment *la* bonne question qui bouleversera le cours de l'interview. En somme, pour s'amuser en improvisant, il faut s'être préparé !

Ma courtoisie envers mes invités m'a parfois été reprochée. Je me suis souvent fait traiter d'« hypocrite » ou de « faux cul », pour la seule et unique raison que j'étais poli avec mon interlocuteur, et qu'au lieu de lui « rentrer dedans » dans une logique de clash je préférais l'interroger pour essayer de mieux le comprendre.

Quand je reçois un invité, mon but n'est pas de créer une énième polémique (si buzz il y a, tant mieux, mais s'il n'est pas au rendez-vous, ce n'est pas grave non plus). Après tout, quoi de plus valorisant qu'une vidéo qui fait parler d'elle pour l'authenticité de son propos ? Cela, je l'ai compris avec ce que je considère comme les deux plus gros regrets de mon parcours d'intervieweur. Le premier concerne un entretien que j'avais enregistré avec une candidate de téléréalité, alors à l'affiche d'une pièce de théâtre. Elle savait que j'allais lui poser quelques questions sur sa relation amoureuse avec le fils d'un grand acteur et m'a proposé de quitter avec fracas l'interview une fois ladite question venue. Cela était donc prémédité, dans le but de créer un buzz. En acceptant cette proposition, je me considère comme aussi responsable qu'elle de ce faux-semblant.

Mon second regret remonte à mes débuts. Un candidat qui venait faire la promo de sa nouvelle chaîne Youtube devait faire son faux *coming out* : cela assurerait la mise en lumière de sa nouvelle activité et de notre vidéo. Nous avions ensuite prévu que je dévoile une semaine plus tard la vérité dans une vidéo intitulée « Il n'est pas gay ! Explication sur son faux *coming out* ! ». Chose que j'ai faite.

Ces pratiques ont beau être monnaie courante dans le milieu de la téléréalité, je regrette fortement de m'être laissé aller à deux reprises à ce que je considère être de la « facilité ». Pourtant, je suis heureux d'avoir commis ces faux pas, car je suis convaincu que c'est en faisant des erreurs et en en prenant conscience que l'on grandit. Tout comme la pénombre permet de mieux apprécier la lumière, l'erreur permet de faire émerger la justesse. Vous comprenez maintenant pourquoi je ne cherche pas la polémique à tout prix, mais à faire émerger du sens, en amenant mon invité à se confier « en toute intimité ». Pour que cela soit possible, ce dernier doit donc ressentir, de ma part, un minimum de respect.

La marque de respect la plus importante à mes

yeux, c'est d'abord d'écouter ce que l'autre a à vous dire, avant d'éventuellement le mettre face à ses contradictions ou ses responsabilités.

Aujourd'hui, trop nombreux sont ceux qui confondent « hypocrisie » et « professionnalisme ». Être professionnel, c'est savoir s'effacer derrière sa fonction. Je m'explique : si j'ai mal dormi, que je suis fatigué et grognon, je n'ai pas à imposer ma mauvaise humeur à mon invité. Dans n'importe quel métier, il est indispensable d'apprendre à maîtriser ses émotions, d'avoir du self-control. Pour le dire autrement, il faut accepter de porter un masque afin d'assurer à son public, ses usagers, ses clients ou son patient une qualité de service. Tout le monde est quotidiennement confronté à ce genre de situation, et il faut en avoir conscience.

Les réseaux sociaux ont libéré la parole. Exprimer son opinion est devenu si facile et instantané que certains ne réfléchissent même plus à ce qu'ils écrivent sur Instagram, Twitter, Facebook ou dans les barres de commentaires Youtube. Tout le monde se sent autorisé à donner son avis sans aucun recul, à critiquer sans fondement, et même à insulter autrui. Le vieux dicton qui nous enseignait de « tourner sept fois sa langue dans sa bouche avant de parler » semble *has been*, aujourd'hui.

C'est comme si Internet et les réseaux sociaux nous avaient fait oublier les bonnes manières les plus élémentaires. Partager tout ce qui nous passe par la tête sans aucun argument ne sert qu'à alimenter inutilement la culture du clash gratuit, et transforme le moindre échange en une démonstration de force.

Moi, je souhaite à travers mes interviews inviter ma communauté à voir chaque personne comme un être humain avec lequel il est possible d'avoir un échange constructif, un être humain qui, d'une manière ou d'une autre, nous ressemble un peu à tous, un être humain que l'on pourrait regarder comme un miroir de soi-même.

L'authenticité, voilà ce que je recherche désormais en tant qu'intervieweur, alors que plus jeune seuls l'artifice, les paillettes et le sensationnel semblaient m'intéresser. Dans mon travail, il n'existe pas de plus belle récompense pour moi que lorsqu'un invité s'autorise à lâcher prise au point de se mettre à pleurer devant moi. Je prends ça pour un gage de confiance, et j'y vois aussi la preuve que le pari de la sincérité, de la bienveillance et de l'écoute fonctionne.

Ne l'oublions pas : personne n'est au-dessus de son voisin. Ce constat peut paraître naïf mais, croyez-moi, il ne l'est pas. J'ai souvent eu affaire à des gens qui se sentaient autorisés à écraser et à mépriser les autres. Je me souviens d'un candidat qui, sous prétexte qu'il portait une montre hors de prix au poignet et roulait en voiture de luxe, dénigrait ouvertement ses camarades de tournage. Comme si les objets que l'on possédait nous rendaient supérieurs aux autres. Malheureusement, l'argent rend parfois les gens très arrogants, c'est une réalité.

Par ailleurs, l'humilité n'est pas la première qualité qui nous vient à l'esprit lorsque l'on pense à ce milieu et à ses différents acteurs. Après tout, c'est un univers féroce, les places sont chères, et les candidats sont souvent en compétition les uns avec les autres. L'objectif partagé par tous : apparaître dans le plus de séquences possible ; monopoliser l'attention des caméras ; maximiser sa visibilité sur les réseaux sociaux.

En ce qui me concerne, je ne suis en compétition avec personne, et dans mes interviews, j'essaie autant que possible de mettre mon invité en valeur. Je suis conscient que c'est lui la star, pas moi, et je lui donne l'occasion à la fois de briller mais aussi de nous émouvoir, de nous faire rire, de nous faire réagir, et de nous offrir un moment de vérité.

Cette approche, qui laisse la part belle aux invités, est celle qui me paraît la plus juste. Mais ce n'est pas facile de s'y tenir, en faisant abstraction des attentes du public. Lorsque je m'efface au profit de mon invité, il arrive qu'on me reproche de ne pas donner assez mon avis. D'autres fois, on me critique au contraire parce que je le donne. On m'a aussi reproché d'utiliser un mot au lieu d'un autre, de poser une question au lieu d'une autre, de ne pas assez réagir ou de trop réagir, de censurer ou de ne pas censurer, de prendre position au lieu d'être neutre, d'être neutre au lieu de prendre position… Toutes ces ambivalences m'ont poussé à me remettre en question et, souvent, à adopter une position dictée par le regard de l'autre.

Ce qui est compliqué, c'est lorsque j'aborde l'un de mes sujets de prédilection depuis cinq ans : la téléréalité. Avec cette thématique souvent sulfureuse, il n'est pas toujours évident pour moi de garder une ligne cohérente, en adéquation avec mes intuitions. Combattre le harcèlement alors que des candidats en taclent d'autres, combattre le sexisme et entendre des hommes parler très mal des femmes, combattre le mensonge et le voir quelquefois proliférer…

Sans le vouloir, j'en viens parfois à offenser

des gens. Dénoncer des injustices au sein de ma chaîne peut apparemment être vécu par certains comme une forme de « harcèlement ». Me servir de faits regrettables à des fins de prévention, être perçu comme une « attaque ». Donner mon avis, exprimer mon ressenti, comme une « agression », quand bien même l'intention n'y est pas.

En tant que youtubeur, suis-je là pour juger, écouter, faire la morale, recadrer, pousser dans les retranchements, censurer, laisser s'exprimer librement, contrer le mensonge, ne laisser dire que ce qui va dans un sens ?

C'est en soulevant ces nombreuses interrogations que j'ai pu y voir plus clair, et ainsi mesurer l'importance de l'intuition.

Dans notre société, le regard des autres tient une place bien trop importante. Au final, nous faisons principalement les choses pour les autres, en fonction de ce qu'ils vont penser, et non pour nous. Nous adaptons nos idées et nos rêves à ce que nous projetons de leurs attentes, au détriment de notre cœur et de nos intuitions. Nous apprenons malgré nous à ne plus nous écouter, car un jugement extérieur semble compter davantage que le nôtre.

Combien de personnes refusent de porter un vêtement qu'ils aiment parce qu'on leur a dit que ça ne leur allait pas ? Combien s'abstiennent de communiquer leurs pensées véritables par peur d'être jugés ? Combien disent ne pas aimer leur travail, mais l'avoir choisi pour faire plaisir à un parent ? Au final, combien de choix avons-nous réellement faits pour nous ?

J'ai compris qu'il est impossible de contenter tout le monde. Contenter tout le monde revient à ne contenter personne. Et certainement pas soi. Donner trop d'importance aux avis des autres crée souvent l'inaction et accroît la peur de réaliser ses rêves les plus profonds.

Imaginez-vous devoir choisir entre la porte de droite ou celle de gauche. Un groupe de cent personnes derrière vous vous crie avec insistance : « Va à droite, c'est toujours la meilleure porte dans les films ! Non, va à gauche, car à gauche c'est le cœur ! Non, à droite car elle est verte, et le vert c'est l'espoir ! Mais non, va à gauche, la poignée est dorée c'est un signe ! À droite, à gauche, à droite, à gauche… » De quoi devenir fou, non ? Sans le savoir, nos proches coupent trop souvent l'herbe sous le pied de nos rêves. Non par malveillance, car ils veulent notre bien, mais parce qu'ils raisonnent en fonction de leur propre histoire, de leurs propres peurs. Et si, au lieu de toujours mettre l'autre et ses opinions sur un piédestal, on valorisait nos intuitions, nos convictions ? Si nous écoutions plus souvent nos désirs, ne serions-nous pas plus heureux ?

Depuis cinq ans, j'expose chaque jour mon travail, et moi-même, sur ma chaîne Youtube, qui recueille entre 15 et 25 millions de vues chaque mois. Une affluence telle qu'il est quasiment impossible de se la représenter. Il n'est donc pas étonnant que nous ne soyons pas d'accord sur tout.

Mais pourquoi mon opinion, que je communique dans mes vidéos, peut-elle parfois gêner ? Parce que je suis rangé dans la case « journaliste », et qu'un journaliste ne doit pas donner son avis ? Je me souviens avoir vu passer cette affirmation sur les réseaux sociaux... Je suis flatté d'être perçu ainsi, mais je ne suis pas journaliste : je suis créateur de contenu, et je le revendique depuis longtemps, vous le savez. Cette raison étant écartée, quel pourrait être le vrai motif ?

N'avez-vous pas observé, dans la vie, au travail ou à l'école, que les personnes qui clament ouvertement tout ce qu'elles pensent – sans se soucier de blesser les autres – sont souvent celles qui rejettent le plus violemment la critique ?

Que ceux qui se braquent et refusent le dialogue sont aussi ceux qui auraient le plus de choses à se reprocher ?

Que ceux qui intimident ou dénigrent systématiquement autrui sont les premiers à se poser en victimes et à crier à l'acharnement ?

Je suis sûr qu'en lisant ces lignes vous avez pensé à des personnes de votre entourage ou de la sphère publique. C'est cette attitude butée, agressive et incohérente qui pose problème, et non celle qui consiste à dire ce que l'on pense honnêtement, sans insulte ni exagération, avec exemples et arguments à l'appui.

Qui propage la haine ? Celui qui la crée, ou celui qui la dénonce ?

Pour ma part, je me suis tu longtemps. J'ai conscience que mes prises de parole sur Youtube peuvent désormais surprendre ou déstabiliser, mais le risque d'une parole libre et assumée vaut mieux que la stérilité d'une parole lisse.

Vous comprenez certainement mieux maintenant pourquoi, quand je dénonce des placements publicitaires immoraux, quand je mets en lumière des mensonges ou des manipulations, quand je sensibilise sur des dérives, ou quand je fais de la prévention au travers de mes vidéos, je me heurte parfois à de l'hostilité.

Lorsque l'on ne dit rien, on ne dérange personne. C'est bien connu.

Aussi, avant de cliquer sur le bouton « mise en ligne » d'une vidéo, j'ai conscience que ce qui y est dit ne fera pas plaisir à tout le monde, je sais ce qui va soulever des passions et créer des réactions. Cependant, j'ai appris qu'à partir du moment où je la rends publique la vidéo ne m'appartient plus : chacun la verra avec sa perception. Elle pourra donc être interprétée différemment, parce que nous sommes tous différents. Il en va de même pour l'avis ou le jugement d'inconnus à mon égard. Comprendre cela m'a permis de relativiser et de me sentir mieux au quotidien dans mon rôle de youtubeur.

Grace à mon activité, j'ai appris le pouvoir de la remise en question et de l'écoute de soi.

Apprendre à s'écouter, c'est avoir de l'estime pour soi, c'est faire confiance à ses intuitions. Et suivre ses intuitions, c'est avoir du courage.

Osez suivre vos intuitions.

13

La mutation du candidat de téléréalité

Mieux vaut combattre le système de l'intérieur que le critiquer de l'extérieur.
JOHN LE CARRÉ

Le candidat de téléréalité tel que vous le connaissez aujourd'hui est bien différent de celui d'il y a plus de quinze ans, et il est en perpétuelle évolution. Lorsque *Loft Story* est apparu en 2001, on ne pouvait pas imaginer que « candidat de téléréalité » deviendrait un jour une profession à part entière.

En juin 2009, la Cour de cassation de Paris réglementait le statut des candidats, et reconnaissait que participer à une émission de téléréalité était un travail. Cette décision de justice intervenait après la saisie des prud'hommes par trois anciens candidats de *L'Île de la tentation*.

Désormais, le candidat de téléréalité est donc un salarié comme un autre : il signe un contrat de travail, touche un salaire, est protégé par le droit du travail. Mais à quoi s'engage-t-on, exactement, lorsque l'on devient candidat ?

D'après les différents témoignages que j'ai pu recueillir à l'abri des caméras, les relations amoureuses et les clashs sont parfois vrais, mais beaucoup, et de plus en plus, sont orchestrés en amont des tournages, avec ou sans la complicité des producteurs. Cela se fait dans l'intérêt financier de tous et dans le plus grand secret. Malheureusement, c'est au détriment des candidats honnêtes et respectables, qui semblent voués à disparaître. En effet, ceux qui ne sont pas prêts à « tordre la réalité » sont souvent évincés par les productions. En d'autres termes, lorsqu'il signe son contrat, le candidat de téléréalité s'engage officieusement à devenir un « acteur » de téléréalité.

Si le candidat « joue la comédie », s'agit-il toujours de téléréalité ? Grâce aux réactions de nombreux téléspectateurs, il me semble qu'on assiste à une prise de conscience progressive des producteurs et diffuseurs à ce sujet : lors des dernières conférences de presse auxquelles j'ai assisté, j'ai été surpris de constater que certains diffuseurs ne parlaient plus d'« émission de téléréalité », mais de « feuilleton-réalité », ou encore de « série-réalité ». Une manière d'assumer la part de fiction inhérente à ces programmes ? Devrait-on alors remplacer le terme de téléréalité par celui de téléfiction ?

Ce qui est certain, c'est que la professionnalisation de l'activité « candidat de téléréalité » a eu un impact sur les motivations des aspirants candidats. Puisque participer à une émission est désormais considéré comme une activité professionnelle, la téléréalité est devenue un milieu dans lequel on peut faire carrière : ce n'est plus le tremplin vers autre chose, mais une fin en soi.

Par ailleurs, le succès et la progression d'un candidat ne se mesurent pas seulement aux audiences de l'émission à laquelle il participe, mais aussi à son poids sur les réseaux sociaux (en partant du principe que leurs abonnés n'ont pas été achetés, évidemment). En effet, le développement des réseaux sociaux a révolutionné le monde de la téléréalité en dotant le candidat d'une existence autonome : pour voir la vie de votre candidat préféré, plus besoin d'attendre la diffusion de son émission ! Il vous suffit d'ouvrir Instagram ou Snapchat et c'est même parfois beaucoup plus palpitant que ce que vous pouvez voir à la télé.

Côté candidats, l'essor des réseaux sociaux a également modifié leur activité : le candidat est devenu « influenceur », et peut bénéficier d'une source de revenus supplémentaire grâce à une pratique de publicité qui s'est largement massifiée : le placement de produit.

Qu'est-ce que le placement de produit ? C'est une technique publicitaire qui consiste, pour une entreprise (un annonceur), à placer sa marque de manière visible dans un film, un clip, une vidéo, une émission de télévision, ou sur les réseaux sociaux.

Faire du placement de produit via les réseaux sociaux est très avantageux pour les annonceurs et ce pour une raison très simple : cela leur coûte moins cher que de le faire par le biais de la télévision traditionnelle.

Ainsi, sur Instagram et Snapchat, il est devenu courant de voir un candidat nous vanter les mérites d'une crème amincissante, d'une ceinture abdominale, d'une paire de lunettes de soleil, d'un hôtel, et de bien d'autres produits, parfois problématiques.

Pour inciter ses abonnés à acheter ces produits, il propose des « codes promo » donnant droit à des réductions.

En résumé, plus le candidat fait le buzz, plus il tourne, plus il est suivi sur les réseaux, plus il fait d'interviews, plus il est *bankable* pour une marque qui souhaite s'assurer une visibilité sur les réseaux sociaux. Et plus un candidat est *bankable*, plus il est en mesure de négocier à la hausse le tarif de son contrat de placement de produits. Une très grosse tête de la téléréalité peut gagner jusqu'à 150 000 euros par mois, grâce à cette activité.

Attention ! Je ne dis pas que le placement de produit est condamnable en soi, mais nous verrons qu'il existe un certain nombre d'arnaques.

À l'école, et dans la vie en général, on nous élève dans l'idée que la réussite professionnelle rime avec travail et mérite. Peu importent vos origines sociales, si vous travaillez, la société récompensera vos efforts, et vous parviendrez à obtenir une position sociale élevée. Vous parviendrez à « être quelqu'un ». Pour cela, évidemment, il s'agit d'obéir à certaines règles : bien travailler à l'école, maîtriser sa langue, avoir de bonnes manières, être cultivé, etc. Il faut aussi accepter que cela prenne du temps : d'abord passer son bac, puis intégrer une bonne école ; ou encore, travailler jour et nuit pour faire grandir son entreprise, ou gravir les échelons d'une hiérarchie.

L'avènement de la téléréalité a totalement dynamité ces règles sur lesquelles nos sociétés se sont construites. L'accès à la notoriété y est instantané. Plus besoin de faire ses preuves pendant des années avant de pouvoir passer à la télévision et gagner de l'argent, il suffit d'une émission de télé, quelques buzz bien placés, de centaines de milliers d'abonnés, et hop ! À vous les placements de produit !

Les règles ont changé – ou plutôt, de nouvelles règles, issues du système de fonctionnement de la téléréalité et des réseaux sociaux, sont apparues et séduisent toute une nouvelle génération. Et pour cause : la réussite semble plus accessible, plus immédiate et plus rémunératrice.

À lire les lignes qui précèdent, certains se diront peut-être que je me contente de critiquer ceux qui souhaitent devenir candidats, en les faisant passer pour des gens narcissiques qui cèdent à l'argent facile. Ce n'est pas mon propos. Ce que je décris, c'est plutôt un système qui tire profit de la détresse des gens en leur vendant de faux rêves, et qui les encourage ainsi à développer des comportements immoraux et parfois dangereux.

Pour devenir qui je suis

Dans le business de la téléréalité, le candidat est-il un pion à la merci des producteurs, des diffuseurs et des agences de placement de produit ? Ou, au contraire, tire-t-il lui-même les ficelles ? Très souvent, il est pris au piège d'un engrenage dans lequel il lui devient difficile de dire non, et c'est notamment ce dont témoigne la formation des faux couples pendant les émissions…

14

Les faux couples

Un mensonge qui fait ses preuves assez longtemps devient réalité.
TONINO BENACQUISTA

Précédemment, je vous posais cette question : si le candidat « joue la comédie », s'agit-il toujours de téléréalité ? Vous avez déjà la réponse.

Non : dans la téléréalité, aujourd'hui, la spontanéité n'a plus vraiment sa place. Pour les producteurs, il s'agit de faire croire aux télé-spectateurs que les histoires qu'ils voient sur leurs écrans sont vraies, alors qu'elles ne le sont pas tout le temps.

Prenons un exemple : la formation des couples. Dans la réalité, tomber amoureux ne se commande pas. Dans la téléréalité, tomber amoureux peut relever d'une stratégie !

Voici un cas concret. Il y a peu, une candidate, déjà en couple depuis deux ans dans la « vraie vie », a fait semblant d'avoir une relation amoureuse avec un autre candidat sur un tournage, en accord avec les producteurs, afin d'assurer aux téléspectateurs des rebondissements. Cette candidate s'est justifiée auprès de son compagnon de l'époque en expliquant que c'était bidon, et que cette mise en couple lui permettrait d'apparaître dans un plus grand nombre de séquences et, donc, de revoir à la hausse ses tarifs de placement de produit. Elle avait besoin de gagner plus d'argent. Mais ce n'est pas tout. Au moment où cette candidate entamait une fausse relation avec un autre candidat, elle prévoyait déjà le moment où elle devrait le larguer en fin de saison. Non pour retourner avec son véritable amoureux (celui de la vraie vie) mais pour devenir célibataire aux yeux des téléspectateurs, afin de pouvoir « chercher l'amour » dans une autre émission pour laquelle elle avait déjà signé un contrat en amont et qu'elle devrait tourner prochainement…

Attendez ! Vous n'êtes pas au bout de vos surprises ! Après avoir fait semblant de chercher l'amour pendant quelques semaines, elle compte réintégrer le programme où l'attendra son « faux ex », pour une nouvelle saison, avec tous les clashs et les retournements de situation que cela suppose.

Résumons la situation : en un an, cette candidate aura tourné dans trois émissions de téléréalité. Sur les conseils de la production, et dans le but de renégocier son contrat publicitaire, elle se sera mise en couple, aura rompu, fait semblant de chercher l'âme sœur, tout cela en étant déjà engagée dans une relation avec un garçon dans la vraie vie.

Pour moi, et j'ai conscience que mes mots sont forts, c'est de la prostitution télévisuelle, qui repose essentiellement sur le pouvoir du doute. L'objectif est de produire de l'ambiguïté, donc du doute, chez le téléspectateur, qui ne sait plus distinguer le vrai du faux. Le doute est le fondement de ce business. Il permet aux candidats et aux émissions de durer et de continuer à générer des profits importants.

Là où un artiste monétise son art, l'industrie de la téléréalité monétise le doute et le mensonge.

Le déroulement d'une émission de téléréalité est donc soumis à un scénario. Les grandes lignes sont écrites à l'avance, comme pour un *soap opera* à la *Amour, Gloire et Beauté*. Pour répondre aux exigences supposées du public, producteurs et candidats de certaines émissions sont prêts à appliquer les stratégies les plus alambiquées, afin de garantir le maximum de rebondissements. Et gare à ceux qui refusent de jouer le jeu ! Les candidats qui ne se plient pas à cette loi du mensonge se voient bien vite évincés des programmes, vous le constatez par vous-mêmes.

Dans cet univers, différents intervenants tirent profit de ces manigances, de façon directe ou indirecte.

Pour être financées par des annonceurs (la publicité), les chaînes (diffuseurs) leur promettent une visibilité quantifiée à l'avance et doivent donc s'assurer qu'il y aura suffisamment matière à attirer le téléspectateur.

Pour gagner plus d'argent, le candidat doit tourner dans un maximum de programmes, être au cœur d'un maximum de rebondissements (clashs, mises en couple, ruptures...), afin de garantir une visibilité à la télé et sur les réseaux sociaux, dans le but de faire grimper son tarif de placement de produit.

Les médias people, eux, se nourrissent des frasques des candidats : plus leurs péripéties sont nombreuses, plus le média engendrera d'articles et de clics. Ces médias n'ont donc aucun intérêt à révéler l'envers du décor de la téléréalité, et se rendent complices d'un système prêt à tout pour générer plus de profits.

Candidats, producteurs, diffuseurs, youtubeurs, blogueurs, médias people, tous jouent dans la même cour et se partagent les mêmes intérêts. Lorsqu'un candidat ose parler des dessous de ce système, tous les prétextes sont bons pour le discréditer en bande organisée. Ces candidats trop bavards deviennent rapidement gênants car ils font planer une ombre sur le business de la téléréalité. Est-ce pour cela qu'il y a tant de pressions et de censures de la part des différents acteurs de cette industrie ? Trop d'argent est en jeu.

Un jour, lorsque j'insistais sur la nécessité de plus de transparence, le service de communication d'une chaîne de télévision très connue m'a répondu : « Pourquoi casser le rêve des téléspectateurs en révélant l'envers du décor ? »

Aujourd'hui, j'ai la réponse, et c'est dans cet envers du décor que je vous invite à entrer.

15

L'envers du décor : pression, harcèlement et pétage de plombs

Être libre, c'est savoir dire non.
SARTRE

Quand j'ai commencé à travailler dans ce milieu, je n'imaginais pas qu'il était régi par ses propres règles, et que pour continuer à faire mon métier, je n'avais d'autre choix que de m'y soumettre.

Oui, je me suis soumis, et j'ai accepté d'obéir aux règles d'un jeu qui a fini par me dégoûter. Puis – et vous comprendrez comment – je suis parvenu à regagner un peu d'une liberté que j'avais, malgré moi, sacrifiée.

Pendant les premières semaines de mon activité de youtubeur, j'étais sur un petit nuage : je proposais un programme auquel je croyais, et le public était au rendez-vous. J'avais l'impression que la promesse que je m'étais faite enfant se réalisait : j'étais en train de vivre mon rêve. Je pensais que j'étais mon propre patron et que je n'avais de comptes à rendre à personne. J'ai joui de cette liberté et de cette insouciance… jusqu'au jour où j'ai compris que je n'étais pas aussi libre que je le pensais.

Un après-midi, peu de temps après le lancement de *En toute intimité*, un manager m'a proposé de réaliser l'interview d'une candidate. L'entretien avec la jeune femme s'est bien passé, et j'ai sorti la vidéo sur ma chaîne. Quelques minutes plus tard, le service de presse de la chaîne m'appelait pour me demander de supprimer la vidéo.

Pour être tout à fait honnête, je n'arrivais pas à comprendre leur point de vue. D'abord, je ne saisissais pas en quoi ma vidéo portait préjudice au diffuseur. Ensuite, je ne voyais pas ce qui autorisait le diffuseur à me dicter ma conduite. Après tout, jusqu'à preuve du contraire, ce n'était pas pour eux que je travaillais, mais pour moi, non ? Aussi, très spontanément, j'ai refusé de supprimer cette vidéo.

Ça, c'était au début, avant que je ne me laisse embarquer dans un engrenage sans fin.

Plus ma chaîne a pris de l'ampleur, plus j'étais en contact avec les services de presse des chaînes. Au départ, je pensais qu'un service de presse n'était qu'un intermédiaire entre moi et les candidats. En réalité, son but est d'avoir la mainmise sur tous les contenus qui paraissent autour de leurs programmes. Pour le dire autrement, le rôle des services de presse était de s'assurer que l'interview que je réalisais était bien conforme à l'image que la chaîne souhaitait véhiculer.

Pendant les deux premières années de *En toute intimité*, certains candidats étaient parfois accompagnés par une attachée de presse du diffuseur. Hors caméra, assise dans un coin de la pièce, elle assistait à mon entretien, notant par écrit tous les passages susceptibles de déplaire à sa hiérarchie. Cela pouvait concerner des détails, à première vue, tout à fait anodins. Par exemple, des phrases comme « on avait un peu bu ce soir-là » étaient proscrites, car elles trahissaient la présence d'alcool sur les plateaux de tournage. Une fois l'interview terminée, l'attachée de presse me signalait les moments dits compromettants, et je n'avais plus qu'à les couper au montage.

Ainsi, la publication de nombreuses vidéos a été réalisée sous la supervision du service de presse de certaines chaînes (que vous regardez et connaissez tous).

L'ingérence des services de presse dans mon travail était constante. Je me souviens d'un cas particulier. J'avais réalisé une interview d'une candidate en utilisant mon format « websam ». Ce format, par webcams interposées, je l'ai développé afin de pouvoir faire des entretiens avec des invités qui n'habitent pas à Paris. J'ai eu cette idée alors que je discutais sur Skype avec ma meilleure amie, Rita, hôtesse de l'air, qui était souvent à l'étranger. J'avais l'impression que la webcam nous permettait, à elle comme à moi, de nous lâcher et de rigoler, afin de compenser la distance qui nous séparait. Alors, je me suis dit : « Pourquoi pas appliquer ce format à mes interviews ? »

La candidate que j'interviewais avait eu le malheur d'en critiquer une autre, la star du programme. Ni une ni deux, je reçois un coup de téléphone furieux du service de presse de la chaîne, me demandant de supprimer la vidéo séance tenante. Apparemment, celle-ci était « gênante », parce qu'elle mettait en porte-à-faux la tête d'affiche de leur émission phare. Personnellement, je ne voyais pas en quoi. Après tout, leurs propres programmes sont basés sur le clash entre candidats. Pourquoi me demandait-on de supprimer cette séquence qui était à mes yeux le parfait reflet de leur émission ?

Malgré mes réticences, j'ai supprimé cette vidéo, enregistré avec ladite candidate une nouvelle interview dans laquelle étaient reformulées l'ensemble de ses réponses en tenant compte des demandes de la chaîne, et je l'ai postée. Si je ne le faisais pas, je craignais des représailles. Lorsque mes abonnés ont vu que la vidéo avait été remplacée, j'ai eu droit à un torrent de messages qui m'accusaient de ne pas assumer les propos initiaux.

De la même façon, le service de presse de cette chaîne est intervenu au sujet d'une autre de mes interviews, d'une participante à un programme mettant en compétition des candidats. Au cours de l'entretien, l'interviewée avait fait une allusion au « passé sulfureux » d'une collègue de tournage, dont les débuts se trouvaient entachés par des révélations peu flatteuses. À l'époque, de nombreuses photos de son passé supposé d'escorte resurgissaient, et la chaîne voyait cela d'un très mauvais œil et faisait tout pour étouffer l'affaire. J'ai donc effacé toute référence au passé de cette candidate dans mon interview.

Vous ne trouvez pas que c'est hypocrite ? Si les boîtes de production et les chaînes de télé tiennent à ce que leurs candidats n'aient rien à se reprocher, pourquoi ne sont-ils pas plus prudents lorsqu'ils font leur casting ? Comment peuvent-ils reprocher aux blogueurs, journalistes, intervieweurs de poser des questions sur les zones d'ombre d'un candidat qu'ils ont eux-mêmes choisi ? Combien de fois m'a-t-on répété, avant un entretien : pas de questions sur la drogue, pas de questions sur l'alcool, pas de questions sur l'*escorting*. J'ai même reçu des SMS de producteurs(trices) me demandant, explicitement, de protéger certains de leurs candidats (stars de leurs programmes), en effaçant toute mention relative à leur consommation de stupéfiants. Mot pour mot : « Je compte sur toi pour protéger [le candidat]. Sur la drogue bien sûr en priorité. Pas un mot sur ces accusations. »

Parfois, presque malgré moi, j'ai su répondre au chantage qui m'était fait. Un jour, j'ai enregistré l'interview d'une candidate sans l'approbation du service de presse de la chaîne qui diffusait l'émission. Pour tout vous dire, pris dans la frénésie du travail, j'avais complètement zappé. Mais je ne m'attendais pas à une telle réaction de leur part. La directrice du service communication m'a appelé, furieuse, me faisant la leçon, et me disant que mon attitude pourrait bien me coûter la venue des autres candidats présents sur sa chaîne. J'ai raccroché, estomaqué, sidéré par l'injustice de cette situation. Je leur avais, par le passé, évité de nombreux scandales, j'avais toujours été assez conciliant, et je me retrouvais sur le banc des accusés. Tout à coup, révolté par cette attitude, je l'ai rappelée pour lui dire le fond de ma pensée et recourir à ses propres méthodes d'intimidation :

— Manifestement, toi et ta chaîne ne m'êtes pas très reconnaissants de mon travail, ai-je dit. De moi-même, j'avais coupé le témoignage d'une candidate qui expliquait qu'elle avait fait un coma éthylique durant le tournage d'une de vos émissions, et qu'elle avait passé deux jours à l'hôpital à l'étranger. Eh bien, si tu me boycottes, je ne vois pas vraiment ce qui me retient de rendre publique l'affaire du coma éthylique…

— Tu me menaces ? a-t-elle répondu.

— Prends-le comme tu veux, je fais comme toi.

On a raccroché, et quelques minutes plus tard, elle m'a rappelé avec une voix de biche, manifestement prête à me décrocher la lune.

Au fond, je ne servais qu'à une chose : aider les

émissions et les chaînes à sauver les apparences. Non seulement je subissais une pression permanente, mais je m'en voulais aussi horriblement de céder au chantage, plus ou moins explicite, qui teintait chacun de mes échanges avec certains attachés de presse. Je précise que tous les attachés de presse, chaînes ou producteurs, ne se comportent pas ainsi. Heureusement. Quand mon téléphone sonnait (et il sonnait *très* souvent), et que je voyais certains noms s'afficher sur mon écran, j'avais des sueurs froides, des nausées, parfois des crises d'angoisse. Un jour, la pression est devenue telle que je suis allé jusqu'au *burn out*.

C'était à Noël, il y a trois ans. Je n'arrivais plus à avaler quoi que ce soit : tout ce que j'ingérais, je le vomissais immédiatement. J'ai fini par aller à l'hôpital, où l'on m'a diagnostiqué un ulcère à l'estomac. C'est donc mon corps qui a dit stop. Je découvrais que la pression psychologique avait un impact physiologique. Mais m'arrêter était hors de question, je ne pouvais pas risquer de laisser mes abonnés orphelins, ni de voir s'écrouler tout ce que j'avais si durement construit. J'étais devenu une machine à produire de la vidéo. J'étais constamment tiraillé entre les services de presse, les candidats, mes abonnés, ma famille, mon compagnon. Mais tout tournait autour de mon travail, et cette activité, dont j'avais cru qu'elle me rendrait plus libre, avait fini par me rendre malade. Alors, j'ai été mis sous antidépresseurs et anxiolytiques, que j'ai pris de façon quotidienne. Le meilleur remède aurait été le repos, mais je me devais de continuer.

J'ai été pris au piège de mon addiction au travail. Celle-ci m'a empêché de me poser les bonnes questions, de prendre de la hauteur par rapport à mon activité et au milieu dans lequel j'évoluais. Je n'étais qu'un cheval de course blessé, lancé au galop, avec des œillères.

Aujourd'hui, avec le recul, je me dis ceci : si j'ai été victime d'intimidation ou de harcèlement, qu'en est-il des autres journalistes, blogueurs et médias people ? Doivent-ils, eux aussi, « fermer leur gueule », sous peine de déplaire à ceux qui tiennent les rênes du business de la téléréalité ?

Quelque chose me laisse penser que oui…

16

Un choix décisif

Se révolter ou s'adapter, il n'y a guère d'autre choix dans la vie.
GUSTAVE LE BON

Dans la carrière d'un intervieweur, il y a deux types d'entretiens : ceux que vous oubliez vite, et ceux dont vous vous souviendrez longtemps. La première interview que j'ai réalisée avec Nathanya appartient à la deuxième catégorie.

Lorsque cette candidate, alors « ange anonyme », est arrivée chez moi, j'ai commencé, comme je le fais toujours, en lui exposant les grandes lignes de l'entretien. Tout de suite, j'ai senti que rien n'allait se passer comme je l'avais prévu…

Sans prendre de pincettes, Nathanya m'a parlé

de harcèlement, d'intimidation, d'abus de pouvoir, d'usage de stupéfiants et d'alcool. Évidemment, comme je l'ai dit, je n'avais pas attendu Nathanya pour découvrir cet envers du décor, souvent évoqué par les candidats hors caméra. Par contre, c'était la première fois que j'étais confronté à un mélange si puissant de détresse et de détermination chez une invitée. Je tiens d'ailleurs à souligner le courage dont elle a fait preuve. En effet, il n'est pas rare que les productions essaient d'intimider les candidats qui exprimeraient le désir de dévoiler ce qui peut se passer en coulisse. Combien de fois ai-je eu affaire à des jeunes femmes réduites au silence par des producteurs retors… Ce que je vois, c'est que lorsqu'il s'agit de faire appliquer la loi du silence, certains producteurs ont plus d'imagination que lorsqu'il est question de réaliser une émission.

Face à Nathanya, deux options se sont offertes à moi. La première, l'écouter, la laisser parler, puis couper certains de ses propos au montage pour épargner la production et la chaîne, comme j'avais l'habitude de le faire parfois. Ainsi, je devenais à nouveau complice d'un système qui avait tout fait pour la museler, et contribuais à perpétuer la violence de cette grande machine à illusions.

La seconde : recueillir son témoignage, autoriser sa parole à se libérer, et publier une interview non censurée.

Vous le savez, j'ai choisi la seconde option.

Je me doutais bien que ce choix ne serait pas sans conséquences, qu'il n'irait pas sans son lot de représailles, et que l'image de ma chaîne risquait, par ailleurs, de s'en trouver transformée. Étrangement, cette fois-ci, cela m'était tout à fait égal. Depuis quelques semaines déjà, sur ma chaîne Youtube, ma parole avait commencé à se libérer. J'osais mettre certains candidats face à leurs contradictions, je m'autorisais plus souvent à aborder des sujets qui fâchent, j'avais même créé une émission d'enquête, *Le Dossier*, dont le but était de lever le voile sur plusieurs polémiques (usurpation d'identité, achat d'abonnés, mensonges en tout genre…). Le courage de Nathanya me donnait envie d'aller plus loin encore, et s'inscrivait dans la continuité de mes nouvelles prises de position.

Le 5 mars 2019, l'interview de Nathanya a été rendue publique sur ma chaîne Youtube, et j'ai eu le sentiment de réellement remplir ma mission. Je m'attendais à ce que cet entretien déclenche un petit séisme dans le microcosme de la téléréalité : ce fut le cas sur les réseaux sociaux, et auprès des téléspectateurs, mais, de façon incompréhensible, pas dans les médias people et spécialisés dans la téléréalité. D'habitude, lorsque je publie une vidéo, ceux-ci s'empressent en effet de la relayer et de la commenter.

Cette fois-ci, à ma grande surprise, la vidéo de Nathanya n'a été reprise par presque aucun média, à l'exception de trois ou quatre. Curieux, non ? Où étaient donc tous ceux qui d'ordinaire sont si réactifs, si friands de révélations dont ils inondent quotidiennement les réseaux sociaux ?

Cette absence de relais médiatique m'a beaucoup interrogé, et plus particulièrement concernant la question de la drogue et du harcèlement passée sous silence. En effet, peu de temps après mon interview du 5 mars, les propos de deux candidates (l'une belge, l'autre ch'ti), assurant qu'il n'y avait ni stupéfiants, ni alcool sur les tournages, ont été massivement partagés par ces mêmes médias people qui s'étaient tus. Une façon d'apporter un démenti officieux aux confessions de Nathanya ? La bonne blague !

Se pourrait-il que les services de presse aient fait pression sur les journalistes people pour qu'ils ne reprennent pas certaines informations jugées compromettantes ? En tout cas, cela pourrait expliquer leur absence complète d'impartialité…

Évidemment, je ne fais que partager avec vous le résultat de mes observations. Mais je sais une chose : dans le milieu de la téléréalité, personne n'a intérêt à relayer des informations embarrassantes, sous peine de se voir mettre au placard.

Cette « règle » semble s'être une fois de plus vérifiée, puisque sitôt l'interview avec Nathanya diffusée, la chaîne de télévision avec laquelle j'avais toujours eu des rapports cordiaux ne me donna plus jamais de nouvelles, et à partir de ce moment, la production invita (pour ne pas dire contraignit) les candidats de leur programme à annuler les interviews prévues avec moi.

Pour ma part, je trouve ce type d'agissement regrettable : il va à l'encontre de la liberté d'expression de tout un chacun, et il est contre-productif. Comme cette chaîne dissuadait ses candidats de s'exprimer librement dans mon émission, seuls osaient venir ceux qui avaient vécu une expérience douloureuse ou négative. Elle laissait ainsi à des gens plus critiques le champs libre, et une plus grande visibilité médiatique, alors qu'une balance naturelle aurait pu être faite en termes de communication.

Par peur des représailles ou sous le coup de la pression, les candidats les plus formatés ont cédé, alors que les plus autonomes, ou les plus courageux, sont restés loyaux envers moi, ma chaîne et ma communauté Youtube. Ils n'ont d'ailleurs jamais eu de problèmes par la suite ET CONTINUENT DE TOURNER À LA TÉLÉVISION.

Dans le milieu de la téléréalité, l'ego n'existe pas. Qu'on vous intimide ou qu'on vous crache dessus, dès qu'on a besoin de vous, on vous déroule le tapis rouge. Il vous suffit de regarder les nombreux exemples que nous avons eu sous les yeux depuis tant d'années pour vous en assurer.

Pour autant, j'aurais tort de dire que cette interview n'a eu aucun impact positif. Après sa publication, j'ai contacté NRJ12 afin de leur poser des questions relatives aux révélations de Nathanya. Ces derniers, d'habitude si réactifs, ont ignoré mes appels. La chaîne a fini par me répondre de lui soumettre mes interrogations par écrit. J'ai donc demandé quelles étaient les dispositions mises en place concernant l'usage ou la consommation d'alcool et de stupéfiants pendant les tournages. Je soulevais également la question de leur politique en matière d'injures sexistes et en cas de violences physiques. Pas de réponse. Le lendemain, je leur ai demandé, par mail, si je devais considérer ce silence comme une réponse. Toujours rien. Pourtant, quelques jours plus tard, le 13 mars, je suis tombé sur le communiqué suivant :

« NRJ Group signe la charte "les médias s'engagent contre le harcèlement et les agissements sexistes". »

Je me suis demandé si cet engagement si soudain du groupe NRJ en matière de lutte contre le harcèlement était en lien avec l'interview de Nathanya. À moins que ce soit une simple coïncidence ?

D'autres chaînes se sont avérées plus réactives. Peu avant Nathanya, j'avais enregistré un entretien avec une candidate de *La Villa des cœurs brisés 4* qui, elle aussi, faisait état de l'usage de stupéfiants sur le tournage. Comme je l'avais fait pour NRJ12, j'ai contacté le service de presse de TF1. Celui-ci a été très à l'écoute, et peu de temps après, le directeur général de la production s'est entretenu plus d'une heure avec moi et a fini par m'annoncer la mise en place d'une charte de bonne conduite en direction des candidats afin de les sensibiliser aux problèmes de violence, de sexisme et d'usage de stupéfiants durant les tournages. C'est déjà un début.

Ce qui est certain, à en croire les réactions de mes abonnés, c'est que depuis quelque chose semble avoir changé dans le paysage de la téléréalité : la parole des candidats se libère, peu à peu. Les langues se délient, et la mienne aussi, de plus en plus.

17

Arnaques et placement de produit

Ne pas blâmer les abus, c'est contribuer à les perpétuer.
CÉCILE FÉE

Alors, je vais continuer à délier ma langue. J'ai parlé, dans un chapitre précédent, de la mutation du candidat de téléréalité et des avantages du placement de produit pour lui.

Le placement de produit est devenu l'un des piliers de l'économie de la téléréalité : il permet à n'importe quel candidat de gagner beaucoup d'argent en un temps record. Attention, ceci n'est pas sans contrepartie de la part du candidat. Offrir son image a toujours des conséquences et il faut être prêt à en payer le prix.

Aujourd'hui, le placement de produit est devenu un business, organisé par des agences. Le principe est très simple : le candidat reçoit une somme d'argent mensuelle, indexée sur sa popularité du moment, et s'engage, en échange, à promouvoir tel ou tel produit sur ses réseaux sociaux. Et en dépit des apparences, ce dernier n'est pas aussi libre qu'on le pense…

Lorsque j'ai commencé à travailler dans cette industrie et que ma chaîne s'est mise à bien marcher, j'ai fait comme tout le monde : j'ai signé avec une agence. On m'avait assuré que j'étais libre de refuser de mettre en avant une marque si cette dernière ne me plaisait pas. Il s'est avéré que c'était faux. Plusieurs fois, il m'est arrivé de faire de la publicité pour un produit que je n'avais pas vraiment choisi, sous prétexte que mon agence s'était déjà engagée auprès de la marque.

J'ai récemment mis la main sur un contrat liant un candidat de téléréalité à une agence. Dans ce document, il est écrit que l'influenceur n'a pas le droit de refuser de faire la promotion d'un produit plus de trois fois pendant la durée du contrat ! Une fois ce seuil dépassé, sa rémunération, par post, se trouve réduite d'un montant assez conséquent… Ainsi, voilà pourquoi certains influenceurs se retrouvent à faire de la pub pour tout et n'importe quoi.

Au bout de trois mois, j'ai donc quitté cette agence, et j'ai créé ma propre agence de communication 2ZS Créative. On n'est jamais mieux servi que par soi-même, cela a toujours été ma philosophie. Depuis, les marques me contactent directement, et je suis libre de promouvoir celles dont j'admire réellement le travail et en lesquelles je crois. Comme vous pouvez le constater, il est assez rare que je mette en avant des marques. Pour quelle raison, à votre avis ? Tout simplement parce que la fiabilité d'une marque ne se vérifie pas en trois secondes, il s'agit d'y accorder le temps nécessaire. Si vous saviez le nombre de produits et services dont je refuse d'assurer la promotion, et qui se retrouvent aussitôt promus par d'autres. Vous seriez surpris...

Je n'ai donc rien contre le placement de produit en tant que tel, c'est une manière comme une autre d'appréhender la publicité. Après tout, quelle est la différence entre un spot publicitaire télévisé et le post promotionnel d'un influenceur sur Instagram ? En revanche, ce qui m'ennuie, c'est que cette activité ne soit pas suffisamment encadrée, et qu'elle prospère parfois au détriment du consommateur.

En effet, il arrive que des candidats cèdent à

l'appât du gain sans s'assurer de la fiabilité de la marque dont ils vantent les mérites. C'est ainsi que de nombreux abonnés aux comptes Instagram ou Snapchat de ces influenceurs se font arnaquer.

Parlons des fausses promotions. Il n'est pas rare qu'un influenceur propose à ses abonnés des offres spéciales. À première vue, ces offres sont alléchantes et promettent des réductions défiant toute concurrence. Dans un article du 17 décembre 2018[1], BFMTV donnait l'exemple précis d'un candidat des *Princes de l'amour* et des *Anges*. Ce dernier proposait une offre exceptionnelle pour fêter les dix ans d'une marque de bijoux. Sur le site, le prix d'une montre passait de 196 euros à 15 euros. Or, il s'est avéré que la même montre était disponible sur Amazon pour la modique somme de 3,99 euros.

Afin de lutter contre ce genre de pratiques, il existe désormais des comptes sur les réseaux sociaux qui répertorient les offres douteuses. Je ne vous cache pas que l'envie de mettre un peu mon nez dans tout ça me titille, moi aussi…

Dans la même veine, il existe une autre pratique assez courante, légale mais jugée amorale. Certains

1. Voir : https ://www.bfmtv.com/tech/fausses-promos-produits-surpayes-les-mauvais-conseils-des-influenceurs-instagram-1590370.html

influenceurs achètent en grosse quantité un produit pour une somme dérisoire. Dans le même temps, ils créent une marque, sans forcément révéler à leurs abonnés que cette marque est la leur. Ensuite, ils « repackagent » leurs produits afin de leur donner un aspect plus qualitatif. Enfin, ils en font la promotion sur leurs réseaux sociaux, et réalisent des marges démentielles en un coup de baguette de magique.

Parmi les nombreux cas de grosses arnaques, je pense aussi à une application qui prétendait prédire l'avenir. À partir de novembre 2017, on a vu des dizaines de candidats faire de la pub pour cette application. Le principe était simple : il vous suffisait d'envoyer un texto pour connaître votre avenir. Ce dont ne parlaient pas les candidats, c'était évidemment du prix du SMS ! Certains foyers se sont ainsi retrouvés avec des factures téléphoniques d'un montant exorbitant. Pour tout vous dire, j'ai moi aussi été sollicité pour faire leur publicité. À l'époque, j'avais été contacté par la direction d'une agence de placement de produit, qui connaissait parfaitement le caractère problématique de ce « service ». Voici mot pour mot le discours qui m'a été tenu : « Je voulais savoir si ça t'intéressait de faire le *billboard* de tes émissions pour eux, sachant que c'est une société qui est hyper polémique ; je préfère être honnête avec toi pour qu'il n'y ait pas d'embrouilles, mais c'est une société qui paie. » Évidemment, j'ai refusé.

Arnaques en tous genres et fausses promotions pullulent, et il faudrait sans doute plus d'un livre pour toutes les passer en revue. Bien sûr, et j'insiste là-dessus, tous les candidats de téléréalité ne sont pas à mettre dans le même panier. Toutes les agences non plus. Quant aux candidats qui s'insurgeront devant mes explications, ils se seront sans doute sentis visés. Concernant les autres, plus réfléchis (et je sais qu'ils sont nombreux), ils pâtissent malheureusement de la réputation des plus imprudents. Heureusement, je sais que vous saurez faire le tri, et reconnaître les plus vigilants d'entre eux.

Mes abonnés font l'expérience de ces arnaques et s'en plaignent en me contactant directement. Le peu de fois où j'ai reçu un candidat compromis dans une arnaque, sans que cela ne donne lieu à aucune question de ma part, mes abonnés ont été choqués, et à raison. Il ne doit pas y avoir de question taboue, et chacun doit être capable de répondre de ses actes. Lorsque les candidats fautifs se font épingler sur les réseaux sociaux, ils ont coutume de faire amende honorable, et de se justifier en expliquant que les marques ont profité de leur crédulité. Ils se font donc passer pour des victimes alors que leurs poches sont pleines, bien plus pleines que celles de tous les abonnés qui leur ont fait confiance ! C'est simple, ce n'est jamais de leur faute : quand ils arnaquent, c'est la faute de la marque ; quand leur image est ternie, c'est la faute de l'intervieweur. À la longue, on finit par connaître la chanson.

Au moment où j'écris ces lignes, ma chaîne Youtube compte plus d'1,3 million d'abonnés et elle est visitée entre 15 et 25 millions de fois chaque mois. Certaines de mes vidéos cumulent plus de 3 millions de vues. Elles tournent aussi énormément sur les réseaux sociaux. Je suis donc conscient que ce que je dis, ce que je publie et ce que je montre peut influencer ma communauté, mon public. Pour autant, évidemment, je ne suis pas infaillible, mais par respect pour ceux qui me suivent je me fixe une ligne de conduite assez stricte. C'est la moindre des choses : visibilité rime avec responsabilité.

Dans un monde sans scrupules, où certains s'enrichissent en toute impunité, il n'y a pas de mal à mettre parfois les points sur les « i ». Au fond, les dérives du placement de produit invitent à s'interroger sur le rôle des influenceurs aujourd'hui.

Qu'est-ce qu'un influenceur ? C'est une personne qui, par son poids sur les réseaux sociaux, est capable d'avoir un impact sur les habitudes et les choix de consommation de gens comme vous et moi. Cette personne est censée être relativement indépendante. Or, avec la massification du placement de produit, le candidat de téléréalité influenceur est devenu une sorte de « commercial » : lorsque son code promo n'a pas l'effet escompté par l'agence, il n'est pas rare que le tarif de son contrat soit revu à la baisse. Même chose s'il perd des abonnés. Officieusement, donc, l'influenceur a une obligation de résultat, et sa rémunération est indexée sur l'efficacité de ses ventes.

Trop souvent, certains d'entre eux utilisent leur notoriété au détriment des consommateurs. Ces derniers sont fatigués d'être pris pour le « dindon de la farce ». Ne serait-il donc pas temps, pour certains influenceurs, de changer leur fusil d'épaule, et de pratiquer une politique « responsable » de placement de produit ?

Pour ma part, je pense qu'il y a désormais urgence à réguler sérieusement ce qui se passe sur les réseaux sociaux. Vous allez comprendre pourquoi…

18

Le business de la chirurgie esthétique

Sois toi-même, tous les autres sont déjà pris.
OSCAR WILDE

En France, faire l'apologie de la chirurgie esthétique est interdit par le code de déontologie établi par l'ordre des médecins. Pourtant, la publicité pour des cliniques, instituts ou agences de tourisme médical est devenue monnaie courante sur les réseaux sociaux. Ces sociétés profitent de la notoriété de certains influenceurs pour gagner en visibilité, et parviennent ainsi à contourner la loi.

Tout d'abord, je tiens à dire une chose : je n'ai rien contre la chirurgie esthétique. À dix-huit ans, j'ai fait retirer la petite bosse que j'avais sur le nez. Vers vingt-trois ans, j'ai fait disparaître mes cernes. Régulièrement, et pendant des années, j'ai eu recours à des injections de toxine botulique et d'acide hyaluronique. Je n'avais pas confiance en moi, je recherchais une perfection qui n'existait pas, et je peux vous dire que souvent le mieux est l'ennemi du bien.

Avoir recours à ce type d'intervention n'est pas anodin. On ne va pas chez le chirurgien comme on utilise quotidiennement les filtres Snapchat. Modifier son apparence est un geste violent et intime qui, souvent, témoigne d'un mal-être profond. Ainsi, le succès d'une opération ne permet en aucun cas de se guérir de ses complexes : en ce qui me concerne, j'étais aussi malheureux après qu'avant mes différents traitements.

C'est pourquoi banaliser le recours à la chirurgie esthétique constitue un danger pour toute une génération. Cette banalisation fait croire aux jeunes qu'ils seront plus heureux ou qu'ils auront plus de chance de réussir avec de grosses fesses, un petit nez et des lèvres pulpeuses. Comme je vous l'expliquais précédemment, actuellement, en France, la tranche des 18-34 ans est celle qui fait le plus appel à la chirurgie plastique.

Aujourd'hui la plupart des candidats de téléréalité modifient leur physique régulièrement.

Le recours à la chirurgie esthétique est devenu une norme. D'ailleurs, vous l'aurez peut-être remarqué, beaucoup de candidats se ressemblent étrangement – et pour cause, ils passent parfois entre les mains du même chirurgien.

Que ces candidats fassent de la chirurgie est une chose. Qu'ils incitent leurs abonnés à avoir recours à une intervention, en proposant des codes promos pour une clinique ou un institut, en est une autre.

La réalité est la suivante : certains candidats sont payés par des cliniques ou des agences de tourisme médical pour en assurer la publicité. Ces agences sont souvent basées à l'étranger, mais même chez nous, en France, certains établissements se livrent à des pratiques similaires.

Depuis quelques années, la Tunisie est devenue le nouvel eldorado de la chirurgie esthétique *low cost*. Au gré de mes investigations, j'ai eu sous les yeux des contrats absolument confidentiels, liant agence de tourisme médical étrangère et candidat. Dans ces contrats, ce dernier s'engage à relayer son expérience de chirurgie sur les réseaux sociaux. En échange de quoi, il reçoit une coquette somme mensuelle, en plus d'une prise en charge complète de ses frais de déplacement (avion, taxi, etc.), de bouche (restaurant), d'hébergement (hôtel 5 étoiles), et d'intervention chirurgicale.

Bref, certains candidats nous vendent du rêve, mais la réalité est tout autre. Des patients reviennent défigurés après leurs opérations, d'autres frôlent même la mort.

Cette réalité, je la trouve insupportable, c'est pour cette raison qu'un jour j'ai décidé de parler : j'ai dit ce que je savais. En début d'année, j'ai été contacté par une journaliste du *Parisien*. Elle voulait réaliser une enquête sur l'explosion du recours à la chirurgie esthétique chez les jeunes Français. Pour cela, elle avait besoin d'avoir accès à des sources fiables, c'est pourquoi elle a fait appel à moi. Au départ, j'ai refusé de lui apporter mon aide. J'avais peur, n'était-ce pas légitime ? J'avais conscience qu'en faisant certaines révélations j'allais indirectement toucher à l'une des sources de revenus de certains candidats, et risquais par conséquent de me les mettre à dos.

Pour trancher, je me suis posé une question très simple : « Sam, est-ce que tu souhaites devenir le genre de mec dont la vie est dirigée par l'argent ? » La réponse était non. Alors, advienne que pourra, me suis-je dit ! Et j'ai bien fait.

Dans le sillage de cet article, le *20 heures du*

week-end de France 2, l'émission *Vrai ou Fake* sur France Info ou encore le JT de M6 se sont eux aussi penchés sur ce fait de société. Dans le cadre de ces reportages, j'ai d'ailleurs souvent été interviewé. Les médias traditionnels ont fait de moi un lanceur d'alerte, mais j'étais simplement guidé par ce que je pensais être juste.

Dire la vérité sur ce business m'a fait un bien fou ! C'était quelques mois avant l'affaire Nathanya, et j'étais déjà entré dans une phase de remise en question de ma mission de youtubeur. De plus, je me sentais coupable d'avoir moi aussi contribué au marché juteux que je dénonce aujourd'hui. Peut-être voyez-vous déjà de quoi je veux parler...

Il y a deux ans, j'ai été contacté par Kim, ancienne candidate des *Marseillais*, et aujourd'hui des *Anges*. Cette dernière souhaitait que je la suive pour documenter son opération de chirurgie esthétique en Tunisie. À l'époque, j'avais accepté, non sans certaines réticences. D'un côté, j'y voyais l'opportunité de développer un nouveau format, et le challenge a toujours été pour moi un moteur. De l'autre, je trouvais cette démarche un peu surprenante. J'ai fini par accepter la proposition de Kim et réalisé une vidéo de son *lipofilling* que j'ai publiée le 14 avril 2017.

Cette opération est devenue très courante chez les candidates. D'abord elles se font liposucer. Ensuite, la graisse extraite par le chirurgien est réinjectée dans les fesses de la patiente. Le problème de Kim, c'est qu'elle était trop mince pour obtenir un volume de graisse suffisant. Je me souviens avoir entendu les médecins lui dire de s'engraisser, de se gaver, quinze jours avant l'opération, comme si elle n'était qu'une oie !

Dans cette vidéo, on voit donc Kim sur une table d'opération. Son corps est luisant de Bétadine. Elle est entourée de médecins et de machines qui aspirent la graisse de son ventre et de ses cuisses. On la retrouve, enfin, une fois l'intervention achevée, encore sous le choc de l'opération et de l'anesthésie. Kim est amincie au niveau du ventre et des cuisses, et ses fesses sont dignes de celles de Kim Kardashian.

Lorsque je suis rentré à Paris et que j'ai commencé à dérusher mes images, j'ai été pris d'un vague sentiment de malaise : je les trouvais très impressionnantes, limite « gore ». J'avais l'impression d'être allé trop loin. Par ailleurs, j'avais un souci avec le message que véhiculait cette vidéo, qui faisait indirectement l'apologie de la chirurgie esthétique.

Par la suite, différentes agences de tourisme médical m'ont proposé des sommes d'argent considérables en échange de reportages mensuels sur les opérations de différents candidats. Flairant l'immoralité de ces propositions, et malgré leurs relances insistantes, je n'y ai pas donné suite.

19

Le procès

La responsabilité de chacun implique deux actes : vouloir savoir et oser dire.

L'ABBÉ PIERRE

En avril 2018, je reçois un coup de téléphone de Mélody, ex-candidate de *La Revanche des ex*. Quelques mois plus tôt, cette dernière avait rejoint le casting de la saison 2 d'une web émission qui propose d'effacer les complexes de ses participants en leur payant une opération de chirurgie esthétique. Pendant plusieurs semaines, garçons et filles séjournent en Tunisie, se font opérer, et partagent clashs et ressentis.

À l'autre bout du fil, Mélody est en pleurs. Elle est au CHU de Bordeaux depuis une semaine, et est hospitalisée depuis près d'un mois. Elle m'annonce qu'elle a contracté une infection nosocomiale alors qu'elle était au bloc opératoire dans le cadre de son tournage. Elle a peur de mourir, et souhaite témoigner de son expérience afin de sensibiliser le public sur les risques du tourisme médical. Elle précise également que plusieurs candidats se sont engagés, par contrat, à ne jamais dire de mal de l'agence de tourisme et la clinique concernées. À sa demande, donc, je me suis donc rendu sur place, à Bordeaux.

Avant de tourner l'interview, j'ai pris conseil auprès de ma petite-cousine Marion, jeune avocate. En effet, je savais qu'il fallait être vigilant, et que pour des raisons juridiques, chaque mot devait être pesé. Mélody ne devait pas se laisser submerger par ses émotions, mais essayer d'être aussi factuelle que possible.

Arrivé à Bordeaux, j'ai écouté en détail ce qu'avait à dire cette jeune femme, qui m'a révélé les coulisses chaotiques de l'émission en question et de sa prise en charge en Tunisie :

Pas d'entretien avec un psychologue avant son opération, ni examens médicaux.

Chirurgiens épuisés, peu à l'écoute.

Opérations à la chaîne.

Conditions d'hygiène approximatives.

Prise en charge quasi absente après l'opération.

Une production sourde aux craintes et aux doutes de Mélody.

Pas d'examens complémentaires, malgré son état de santé qui ne cessait de se détériorer.

Mélody avait fini par quitter la Tunisie, sans ordonnance, sans médicaments, sans dossier médical. Elle s'était présentée aux urgences de Bordeaux, où elle a été prise en charge. Après examen, on a repéré plusieurs abcès autour des prothèses qu'on lui avait posées dans les fesses, et diagnostiqué une infection. Au moment où j'ai réalisé l'interview, le germe responsable de l'infection n'avait toujours pas été identifié.

Via les réseaux sociaux, Mélody a été contactée par d'autres patients ayant vécu des expériences similaires à la sienne – patients avec lesquels j'ai pris contact par la suite.

À la fin de son interview, Mélody exprime son regret d'avoir fait l'apologie de la chirurgie esthétique, invite les jeunes filles à s'accepter comme elles sont et à ne pas essayer de ressembler à tout prix à des candidates de téléréalité. Apprendre à s'aimer comme on est, voilà le message de cet entretien.

J'ai publié la vidéo sur ma chaîne Youtube, le 23 avril 2018. Quelques mois plus tard, les ennuis ont commencé…

Le 22 février 2019, soit environ dix mois après, je découvre un feuillet d'huissier dans ma boîte aux lettres. Ni une ni deux, je file à la poste, et récupère une lettre recommandée. L'agence de tourisme médical Medespoir m'attaque en justice, pour diffamation, et réclame, à Mélody et à moi-même, la somme de 245 000 euros, à titre de dommages et intérêts, en réparation du préjudice matériel et moral subi.

Ma première réaction a été la colère : qu'avais-je fait, dans cette vidéo, sinon donner la parole à une victime ? Sur quels motifs solides reposait donc leur plainte ?

J'ai aussitôt contacté mon avocat, maître Alain Berthet. La convocation avait lieu une semaine après que j'ai reçu le courrier.

Ce jour-là, maître Berthet s'est rendu au tribunal de grande instance de Paris. A priori, il ne s'agissait que d'une convocation préliminaire, je n'étais donc pas tenu d'être là. Je reçois alors un coup de téléphone de mon avocat : « Ça ne va pas se passer comme prévu », m'a-t-il dit. En effet, d'après le tribunal, j'avais été convoqué en juillet 2018, pour une audience qui devait avoir lieu en octobre de la même année. Je n'en croyais pas mes oreilles ! Jamais je n'avais reçu de convocation ! Et si cela avait été le cas, je ne l'aurais évidemment pas prise à la légère ! Anxieux comme je suis, j'aurais immédiatement fait le nécessaire. Le rendez-vous auquel mon avocat s'était présenté n'était pas pour une audience préliminaire, mais pour mon procès ! Je me suis donc rendu, en urgence, au TGI, afin de plaider ma cause et d'obtenir un report d'audience.

Quelle situation kafkaïenne !

Mon procès a eu lieu le 8 mars 2019.

Accompagné par mon avocat, je me suis rendu au tribunal. J'y ai retrouvé Mélody qui, elle aussi, était poursuivie par Medespoir. Dans les couloirs, certains élèves avocats, me reconnaissant, se retournaient sur mon passage, et plusieurs m'ont interrogé avec inquiétude sur les raisons de ma présence en ces lieux. Je leur ai souri et les ai rassurés en leur disant que je n'avais rien à me reprocher.

Lorsque nous sommes entrés dans la salle, j'ai réalisé que l'audience était publique. Cela m'a fait un choc. J'ai jeté un œil vers le banc des plaignants, et j'ai constaté qu'ils n'avaient même pas pris la peine d'assister au procès. Leur avocat les représentait.

À la demande des plaignants, l'audience s'est ouverte sur la diffusion de mon entretien avec Mélody. En revoyant la vidéo en présence de tant de gens, j'avoue m'être posé des questions sur la stratégie de la partie adverse. La sincérité de Mélody crevait littéralement l'écran, et tout le monde pouvait constater que mes questions n'avaient pas pour but de salir une réputation, mais de recueillir un témoignage.

Quand j'ai été appelé à la barre, mon sang s'est glacé. J'avais le trac. Le seul conseil donné par mon avocat était d'être simplement honnête, comme je l'avais été avec lui dans mes explications. Lorsque je me suis retrouvé devant l'assemblée, j'ai laissé parler mon cœur. J'ai regardé les magistrats qui étaient assis face à moi, et droit dans les yeux, je leur ai dit : « Je ne sais pas ce que je fais ici aujourd'hui. » Je suis parti dans une longue explication sur les risques liés à l'apologie de la chirurgie esthétique sur les réseaux sociaux. J'ai parlé d'une jeune génération sacrifiée, incitée, parfois au péril de sa vie, à recourir à des interventions à bas prix. J'ai poursuivi en disant que, d'un point de vue moral, il était de mon devoir de lever le voile sur certaines pratiques.

L'avocat de la défense a essayé de me décrédibiliser, en me comparant à Iron Man lors de sa plaidoirie, et en s'employant à me faire passer pour un justicier de pacotille.

L'audience a duré plus de trois heures. À la fin, le procureur s'est levé pour partager son ressenti. Il a avoué ne rien connaître au milieu de la téléréalité mais avoir compris qu'il s'agissait d'un business. Sa conclusion a été sans appel, et je m'en rappellerai toute ma vie : « Pour reprendre les mots de monsieur Zirah, je ne comprends pas non plus ce qu'il fait ici aujourd'hui. » Mon compagnon était à côté de moi à ce moment-là. Il m'a alors murmuré à l'oreille : « C'est bon, je crois que tu vas gagner ! »

Et il avait raison ! Le 20 juin dernier, la 17e chambre du tribunal correctionnel de Paris a rendu son verdict, déclarant irrecevable la plainte de Medespoir pour diffamation à l'encontre de Mélody et moi-même. Avant que le jugement ne soit prononcé, il m'a été demandé de me lever. Je sentais mes jambes se dérober sous moi. J'ai écouté le laïus du magistrat, et je me sentais si mal que j'étais incapable de comprendre si j'étais acquitté ou pas. J'ai finalement été obligé de lui demander de reformuler son verdict pour être sûr que le cauchemar que j'avais vécu était bel et bien terminé.

Mais attention : nous avons peut-être gagné une bataille, mais nous n'avons pas gagné la guerre ! Il est urgent que les pouvoirs publics, le secrétariat d'État chargé du numérique, et le ministère de la Santé et des Affaires sociales se saisissent de ce problème de société qui met en péril la santé physique et psychique des jeunes générations.

20

Continuer à rêver…

Croyez en vos rêves et ils se réaliseront peut-être, croyez en vous et ils se réaliseront sûrement.

MARTIN LUTHER KING

Pourquoi regarde-t-on des émissions de téléréalité ? Pourquoi suit-on, à la télévision et sur les réseaux sociaux, les tribulations de nos candidats préférés ? Cette question, vous l'êtes-vous déjà posée ?

Il y a sans doute mille raisons qui vous poussent à vous installer devant l'écran de votre télévision, de votre ordinateur ou de votre téléphone, pour saisir un peu de la vie de ces gens. Et parmi ces raisons, il y en a une qui compte peut-être plus que toutes les autres : la vie de ces inconnus célèbres nous renvoie l'image d'un rêve qui semble réalisable, un rêve à la portée de tous.

L'essor des réseaux sociaux a largement contribué à cette impression de proximité. Désormais, les candidats s'adressent directement à nous, à tout moment, et il nous suffit d'ouvrir Instagram pour accéder à tout ce qu'ils acceptent de nous montrer.

Mais ce qui apparaît sur les réseaux sociaux et dans les émissions de téléréalité peut être trompeur, vous l'avez compris. Ne laissez personne vous dicter vos rêves. N'essayez pas de ressembler aux autres, essayez plutôt d'apprendre à être vous-même ! N'ayez pas honte de ce que vous êtes ! Ne vous contentez pas de rêves préfabriqués qui ne vous apporteront jamais le bonheur que vous recherchez !

Aujourd'hui, j'ai envie de vous poser une autre question : de quoi rêvez-vous réellement ? De plus grosses fesses ? De vivre dans une villa luxueuse sans travailler ? Rêvez-vous d'être célèbre et d'avoir 2 millions d'abonnés sur votre compte Youtube ou Instagram ?

Prenez deux minutes, fermez les yeux, et tentez de vous remémorer vos rêves d'enfant, et vous aurez la réponse…

Je sais que nous partageons tous un rêve commun : celui d'être aimé pour ce que l'on est réellement, et de s'accorder l'amour que nous méritons. Le rêve d'être heureux, tout simplement. Alors, écoutez vos intuitions, vos émotions, votre corps, ce corps qui nous parle sans cesse et aux alertes duquel on reste trop souvent sourd, par habitude, moi le premier.

Pour ma part, toute ma vie, j'ai attendu des autres qu'ils me donnent de l'amour, alors que j'étais incapable de m'aimer moi-même. Avant que je ne commence à écrire ce livre, je l'avoue volontiers, je n'étais pas heureux. Tous les matins, pendant cinq ans, je me suis levé en essayant d'oublier la boule que j'avais dans le ventre. Et pourtant : j'avais tout ce dont je rêvais, non ?

Pas tout à fait…

J'avais tout ce dont je *croyais* rêver…

En réussissant avec ma chaîne Youtube, j'ai pénétré dans un milieu dont certains aspects ne me convenaient pas. Je cherchais un moyen d'être enfin moi-même, et j'ai atterri dans un monde qui laisse trop peu de place à la vérité. Mais cela m'a donné l'occasion de me confronter à mes peurs, mes doutes, mes angoisses et mes rêves. En plongeant mon regard dans le miroir déformant de la téléréalité, j'ai découvert le reflet multiple de celui que je suis réellement. Et, croyez-le ou non, ce garçon, il se trouve que je commence à l'aimer…

De quoi je rêve, moi, Samuel Zirah ?

Je rêve d'abord de vous être utile, en continuant à vous apporter du bonheur, mais autrement. Je souhaite, à l'avenir, trouver un moyen de mettre plus souvent en lumière des sujets de société, parler mode, beauté, santé, vous montrer vraiment qui je suis, m'accorder le droit de m'ouvrir davantage à vous. Continuer aussi à poser des questions en toute intimité, et en toute vérité. Mettre sur pied mon propre concept de téléréalité et, surtout, prendre du plaisir à vos côtés.

Ce que je promets, c'est que je ne lâcherai pas ma communauté. Je ne pourrai jamais mettre de côté celles et ceux qui, par leurs témoignages d'affection, mais aussi leur vigilance et leur exigence, n'ont cessé de me confirmer que j'allais dans la bonne direction, et m'ont surtout permis de rester dans le droit chemin.

Votre engagement auprès de moi témoigne d'une chose : nous sommes en quête de transparence, d'émotion, et de vérité. Cela ne veut pas dire qu'il faut s'arrêter de rêver, au contraire. La vérité et le rêve sont compatibles !

Il faut rêver autrement.

Il faut rêver à plusieurs, ensemble, et nos rêves n'en seront que plus beaux et plus grands ! Sachez-le, en tout cas : moi, Sam Zirah, j'ai envie de continuer à rêver et à grandir avec vous…

Je mets un point d'honneur à défendre des causes qui me tiennent à cœur et qui me font vibrer. Je pense évidemment à mon engagement pour la cause animale à travers l'association One Voice. Lorsque je décide d'ouvrir mon émission par une communication invitant mes abonnés à signer une pétition pour l'interdiction de l'élevage d'animaux pour leurs fourrures, je n'ai pas seulement l'impression de faire une bonne action : je délivre un message d'avenir auquel je crois profondément.

Et c'est par le biais d'initiatives comme celles-ci que je me sens vivant ! J'ai conscience que cette minute en préambule d'une interview sera vue par plus d'1 million de personnes, et cela me donne l'espoir de contribuer à l'évolution des consciences, ainsi qu'à l'avènement d'une société plus responsable, éthique et juste.

Une société dans laquelle chaque être vivant est traité avec respect.

Une société dans laquelle la mort industrialisée n'existe plus.

Une société dans laquelle on ne sacrifie pas la dignité d'un être vivant au profit d'une économie.

Avec les années, mon engagement pour la cause animale s'intensifie. J'ai toujours eu beaucoup d'empathie pour les animaux (mis à part le malheureux épisode du homard), je les considère comme des vies à part entière. La façon dont la société de consommation les exploite, en fait un « moyen » à défaut d'une « fin », me désole. Si les industries de l'agroalimentaire, de la mode, mais aussi les cirques et les parcs aquatiques, sont en cause, au même titre que l'État censé légiférer, chacun d'entre nous est responsable à son niveau, et doit ouvrir les yeux.

C'est pourquoi je suis heureux de pouvoir sensibiliser ma communauté, composée essentiellement de 18-34 ans, à la cause animale et, au-delà, à la sauvegarde de notre environnement et des êtres qui le peuplent. C'est cette génération qui pourra faire la différence, pour l'avenir de la planète. Lorsque je mets en lumière l'association One Voice, qui œuvre depuis vingt ans pour le bien-être animal, j'espère non seulement multiplier les soutiens à cette belle institution, mais aussi montrer un exemple d'engagement et de persévérance dans l'action publique. One Voice porte la voix de la diversité, du vivant, et c'est un message important à faire passer. C'est grâce à ce genre d'initiatives que de plus en plus de consciences s'éveillent et luttent contre les abus, pour le respect de la vie. Le monde du vivant, incluant tous les hommes, animaux et végétaux, est ce que nous avons de plus précieux, et nous nous devons de le préserver. Certains pourront bien se moquer de ce qu'ils appelleront « un discours Miss France ». Cela m'est égal, les cyniques ne m'intéressent pas. J'ai trop longtemps obéi aux lois d'un monde dans lequel seul l'argent compte, j'ai trop longtemps subi le poids d'une hiérarchie absurde. Aujourd'hui, j'ai envie de vivre en accord avec mes valeurs. Ces valeurs sont celles du respect et de la tolérance vis-à-vis de tous ceux qui pourraient être considérés comme « différents ».

Aucune « différence » ne mérite d'être pointée du doigt, insultée, humiliée, menacée, anéantie. Autant que possible, sur mon compte Instagram, j'œuvre à mon niveau pour plus d'égalité, en relayant les initiatives qui me touchent, et je continuerai à le faire tant que la haine régnera en maître sur la vie de certaines personnes.

Au cours de cette lecture, j'imagine que vous avez dû plus d'une fois vous dire ceci : s'il déteste à ce point la téléréalité, pourquoi en parle-t-il à longueur de temps, et que va devenir sa chaîne Youtube ?

Eh bien, c'est peut-être parce que, la téléréalité, je la déteste autant que je l'adore. J'adore les candidats, leurs parcours de vie, la force de leurs émotions, leurs failles et leur sensibilité exacerbée. Mais je déteste les abus et le mensonge. Pour être clair, je pense que la téléréalité peut être réalisée différemment. Je suis convaincu qu'elle est un genre à part entière, digne d'intérêt. En revanche, ce que je remets en question, c'est la manière dont le règne de l'argent encourage toutes les formes de dérives. Au fond, ce milieu est d'une violence extrême, et je m'en veux d'en avoir été trop longtemps le complice silencieux.

Ce qui est certain, c'est qu'avec ce livre c'est un chapitre de ma vie qui se clôt. Son écriture m'a fait comprendre que j'avais besoin de faire une pause afin de donner un nouveau sens à mon activité de youtubeur. Vais-je y arriver ? Je me le suis demandé tant de fois, et honnêtement, je ne sais pas.

Et ce n'est pas grave, parfois, de ne pas savoir.

En revanche, je sais une chose : que j'arrête, que je continue, que je fasse autrement ou que je fasse tout autre chose, quoi qu'il arrive, je continuerai à créer.

Tout au long de ma vie, j'ai très souvent manqué de confiance en moi. Pourtant, j'ai toujours eu la certitude que ce que je ferai demain sera toujours plus grand que ce que je fais aujourd'hui. Lorsque quelque chose s'arrête, je sais que quelque chose de meilleur encore m'attend au tournant. Et il en va de même pour vous.

Plus on prend de la hauteur, plus on voit loin. Dans la vie, il faut savoir faire une pause, prendre le temps qu'on ne prend jamais, contempler le chemin parcouru, faire son autocritique, et identifier ce que l'on veut avant de se remettre à avancer. Si je ne m'y oblige pas, je pourrais bien poursuivre ce rythme infernal des années durant. Je pourrais rester dans ma zone de confort, bridant ainsi ma créativité et mon imagination. Mais j'ai besoin de plus : je veux me sentir stimulé, je veux pouvoir créer, réinventer sans cesse mon activité… J'ai tant de choses à découvrir, tant de projets à réaliser, tant de rêves. Dois-je faire une pause, ou changer de vie radicalement ? Je n'ai pas encore cette réponse. Cependant, je suis convaincu d'une chose : c'est en prenant ce recul nécessaire que la vie mettra sur mon chemin tout ce dont j'ai besoin pour m'épanouir. Oser se mettre en danger, c'est oser s'exposer à évoluer.

III

LE GOÛT DES AUTRES

Les autres, c'est parfois l'enfer, mais c'est aussi souvent le salut. Encore aujourd'hui, les autres me font peur. Face à eux, je suis comme un animal sauvage, craintif, méfiant, distant. J'ai besoin d'un temps d'adaptation avant d'être suffisamment à l'aise pour m'exprimer, pour sortir de ma réserve, si bien qu'il m'arrive de passer pour une personne désagréable ou froide. Étonnant, non, pour quelqu'un qui semble si à l'aise sur ses vidéos ?

Parler à des inconnus, ou en présence d'inconnus, est quelquefois au-dessus de mes forces, même si cela donne lieu à des situations parfois cocasses. Mon amoureux me charrie beaucoup à ce sujet, et me contraint à certains exercices qui le font d'ailleurs beaucoup rire, comme de me forcer à ouvrir la porte au livreur lorsque nous commandons des repas à domicile.

Sortir dans la rue ne se fait jamais sans certaines précautions, et se transforme en opération commando. Pour être certain de ne pas attirer les regards, j'arbore pour ainsi dire une « tenue de camouflage » : casquette, lunettes et écharpe. Ces accessoires, pour moi, sont comme une armure. Pour autant, dès que j'ai l'impression de croiser le regard d'un inconnu, j'imagine tout de suite qu'il me dévisage, me juge, me condamne.

J'entretiens donc avec le regard des autres un rapport quasi paranoïaque qui, avec le temps, s'est aggravé. Ma mère m'avait toujours prévenu qu'en prenant de l'âge les défauts avaient tendance à s'accentuer, et elle n'avait pas tort…

Je crois que je n'ai jamais vraiment guéri de l'expérience traumatisante qu'a pu constituer l'école… À force de vivre en anticipant l'hostilité des autres à mon égard, j'ai fini par percevoir de l'hostilité partout.

Pourtant, et c'est là tout le paradoxe, je consacre ma vie à interroger les autres. Je l'ai déjà expliqué, mais lorsqu'il s'agit de mon travail, je n'ai plus aucune barrière : ma timidité et mes doutes s'envolent comme par magie ! J'arrive ainsi à faire en sorte que mes invités s'ouvrent à moi et c'est une récompense inestimable.

En devenant intervieweur, j'ai découvert des individus prêts à tout pour qu'on les aime, et cela m'a souvent bouleversé. J'aime les émotions fortes, j'aime pleurer, rire aux éclats, frissonner. Parfois, lorsque, hors micro, un candidat se confie sur les tragédies qui ont jalonné son parcours, je me dis que leurs histoires valent bien plus que toutes celles que les producteurs mettent en avant dans leurs émissions !

Découvrir des vies au gré d'anecdotes glaçantes, tragiques mais aussi comiques me donne la chair de poule. Découvrir des gens qui ont vécu ce que je n'ai pas vécu, et essayer de comprendre comment ils sont devenus ce qu'ils sont, me passionne, et m'en apprend autant sur la nature humaine que sur moi-même…

Si je suis devenu ce que je suis aujourd'hui, c'est aussi grâce à tous ceux qui m'aiment et me soutiennent. Maman, papa, ma sœur Sabrina, ma nièce Eden, mon amour, mes meilleurs amis Rita, Zelda, Olivier et Stéphanie : avant de vous laisser la parole, j'ai envie de parler de vous, et que soit écrit noir sur blanc l'amour que je vous porte.

Maman. Tu m'as donné tout l'amour possible et imaginable, tout l'amour que tu n'avais pas reçu étant petite. Orpheline, tu as consacré ta vie à ta nouvelle famille, et tu as fait passer les autres avant toi, au point de te mettre souvent entre parenthèses.

J'ai retrouvé, récemment, une lettre que je t'avais écrite pour la fête des Mères, j'étais en sixième. Dans cette lettre, je te disais : « Maman, tu ne devrais pas autant te sacrifier pour nous. »

Ta résilience, ta capacité à ne jamais te laisser abattre, à toujours aller de l'avant quelles que soient les circonstances, ont fait de toi l'être d'exception qui, envers et contre tout, m'apporte un amour inconditionnel, et m'inspire dans mon propre chemin de vie.

Je crois qu'il ne se passe pas un jour sans que nous nous parlions au téléphone, et j'aimerais te dire ici ce que je te répète souvent : désormais, je voudrais que tu penses plus à toi.

Papa, ce que j'admire chez toi, c'est peut-être d'abord ton courage. Pour moi, ta réussite a été un exemple. Tu m'as montré que rien n'était impossible et que l'on pouvait triompher de tous les obstacles.

Tu es né en Algérie et, suite à une otite mal soignée, tu es devenu sourd à l'âge de deux ans. Après la guerre d'indépendance, ta famille est venue s'installer en France. Tu as dû t'adapter au monde qui t'entourait sans jamais entendre ce que ce monde pouvait bien te dire. Tu as dû lutter pour te faire comprendre, pour te faire entendre. Tu as créé ta propre société, ESII Média Accueil, tu as mis au point un système innovant pour la gestion des files d'attente ainsi que Twavox, un brevet permettant aux personnes en situation de handicap d'avoir accès à la culture et aux loisirs. On dit souvent de toi que tu as réussi « malgré ton handicap ». Cette phrase me déplaît, elle ne te rend pas justice. Je préfère, quant à moi, insister sur ton indéfectible ténacité.

C'est toi qui m'as offert ma première caméra à l'âge de onze ans, et il y a peu tu m'as avoué que j'avais réalisé ton rêve. Plus jeune, c'est toi qui tenais la caméra familiale, tu adorais ça, et tu désirais secrètement travailler dans l'audiovisuel. Tu savais cependant qu'il te serait difficile de communiquer avec les autres. Aussi, tu t'es tourné vers les chiffres et l'électronique, délaissant une passion que tu vis désormais à travers moi.

J'ai longtemps cru que nous étions très différents, et je réalise à quel point je me trompais…

Sabrina, ma sœur. Nous avons été aussi fusionnels que distants l'un envers l'autre, et malgré les malentendus et les non-dits, je sais que l'amour qui existe entre nous est extrêmement solide.

Notre pudeur et nos blessures respectives nous réduisent parfois au silence, et je le regrette. Il y a tant de choses que j'aimerais pouvoir te dire, et que je n'arrive pas encore à partager avec toi.

Ce que je sais, c'est que tu es la première personne à qui j'ai annoncé que j'étais homosexuel, et que si c'est à toi que je me suis confié, c'est parce que je sentais que tu m'aimais trop pour me juger ou me rejeter.

En apparence, toi et moi sommes très différents. Et pourtant, je comprends aujourd'hui que ce qui nous réunit et nous sépare en même temps, c'est une sensibilité à fleur de peau.

J'aimerais désormais que nos sensibilités se rencontrent plus souvent…

Mon compagnon, mon amour.

Je t'ai rencontré à l'aube d'un nouveau chapitre de ma vie, quelques mois avant la création de ma chaîne Youtube. C'est auprès de toi que j'ai traversé ces années exaltantes, passionnantes et difficiles. C'est grâce à toi, à ton soutien, ta patience, mais aussi à tes conseils avisés, que je suis parvenu à passer à travers toutes les épreuves, et à exercer mon métier comme je le fais aujourd'hui.

Pourtant, notre histoire n'avait pas bien commencé, elle s'était ouverte sur un rendez-vous manqué. Alors que depuis plusieurs jours nous discutions ensemble sur Internet et par téléphone, et que nous étions censés nous rencontrer en personne, tu m'as posé un lapin ! J'étais furieux et bien décidé à ne plus jamais te revoir, mais tu m'as convaincu de te laisser une seconde chance. Notre premier rendez-vous a donc eu lieu, et il m'a suffi de te voir quelques minutes pour comprendre que t'aimer était une évidence. À partir de ce 14 novembre 2015, nous ne nous sommes plus jamais quittés, et je dois dire que tu es bien courageux de me supporter. J'ai souvent fait passer mon travail avant toi, et tu l'as toujours respecté. Mon travail, c'est ma vie, et c'est quelque chose que tu comprends, que tu acceptes.

Avant toi, j'ai connu deux autres longues histoires. Pourtant, tu es le premier avec lequel je m'autorise à me montrer tel que je suis. Devant toi, je n'ai pas honte d'être démaquillé, de danser n'importe comment, de perdre le contrôle. Dès l'instant où je t'ai rencontré, les blocages que j'avais habituellement avec les autres ont disparu comme par enchantement. Il n'y a qu'avec toi que j'arrive à être entièrement fidèle à ce que je suis.

Je t'aime très fort, et n'imagine pas mon avenir autrement qu'avec toi.

Zelda et Rita…

L'amitié qui nous lie tous les trois est indestructible. Avec vous, j'ai tout vécu et partagé tout ce qu'il m'était impossible de partager avec d'autres. Tous les trois, on nous a longtemps surnommés le trio infernal. Quel a été le ciment de cette amitié ? Je dirais : la différence.

Zelda, tu es arrivée dans ma classe quelques semaines après ma rentrée de cinquième, en plein cours de sport, et d'emblée tu es apparue comme un « ovni ». Perchée sur tes *platform shoes*, ton look, tes manières, tes attitudes tranchaient avec celles des autres, et j'ai tout de suite perçu l'existence d'une blessure qui m'a attiré vers toi.

Rita, tu es entrée dans nos vies deux ans plus tard. Tu arrivais d'Arizona, mais tu étais d'origine mexicaine, tu avais déjà vécu aux quatre coins du monde, et tu souffrais d'être à la fois de partout et de nulle part – tu te souviens ?

Alors tous les trois, nous nous sommes construit un univers où il faisait bon se sentir différents. Nous avons fait de ma salle de jeux et de la Villa rouge les points cardinaux de notre adolescence, et c'est là-bas que nous avons rêvé, ensemble…

À mon égard, vous avez fait preuve d'une bienveillance et d'une pudeur incroyables. Alors que je me questionnais intérieurement sur mon identité sexuelle, vous ne m'avez jamais forcé à vous faire l'aveu de ma vérité. Vous m'avez laissé m'assumer, à mon rythme, sans jamais me brusquer, pour me protéger. Avec vous, je n'ai jamais eu l'impression de mentir. Vous réalisiez l'exploit de faire en sorte que j'aie l'impression d'être un garçon comme les autres…

Olivier ! Quand je pense à toi, c'est simple, je pense à ma première masturbation (pardon !). C'est toi qui, expert en la matière, m'as expliqué comment il fallait m'y prendre ! Nous étions dans la même classe, en sixième, et j'avais écouté religieusement tes conseils. Tu avais fait allusion à un mouvement mécanique, de bas en haut, et lorsque je suis rentré chez moi pour mettre en application ta leçon (qui n'avait pas été suivie de travaux pratiques !), je n'ai pas obtenu les résultats escomptés… À vrai dire, je m'y suis pris comme si j'avais essayé de traire le pis d'une vache !

Hormis tes connaissances dans ce domaine, il se trouve que tu as été la première personne de mon entourage à assumer son homosexualité ! Nous étions encore au collège, et j'étais admiratif de ton courage. Quand même, toi qui n'avais pas cessé de me charrier par le passé en me disant que j'étais trop efféminé, j'avais trouvé ce *coming out* plutôt ironique de ta part. Mais quel exemple d'acceptation de soi tu as été…

Stéphanie, tu as fait partie de mes rares coups de foudre amicaux parisiens ! Je t'ai rencontrée à une période de ma vie où j'étais de nouveau célibataire et où je rêvais de devenir quelqu'un. C'est toi qui m'as dit que j'étais trop « normal » pour réussir dans ce milieu ! C'était tellement réconfortant de pouvoir compter sur ton soutien, tes rires, ta lumière, ta générosité, dans des moments où, loin de mes amies d'enfance et de ma famille, je pouvais parfois me sentir très seul.

Enfin, Eden, ma nièce, la fille de ma sœur. Tu n'as que neuf ans et pourtant je t'admire déjà tellement. Tu es tout ce que je n'étais pas au même âge : ouverte aux autres, extravertie, et culottée. Quel talent, lorsque tu empruntes l'iPad de Mamou et que tu joues à la youtubeuse devant moi ! Ton regard pétille, et semble chercher dans le mien l'approbation et l'expertise d'un tonton bienveillant.

Quel que soit ton rêve, continue à travailler et à croire en toi. Mais surtout, ne te laisse jamais influencer par ce que tu peux voir ailleurs – surtout ce qu'il t'arrive de regarder à la télévision ou sur Internet ! Ne copie jamais les autres et cultive ta singularité. Continue de réfléchir et d'analyser !

Voilà, désormais vous connaissez mes proches. Que pensez-vous, à présent, de me découvrir à travers leurs regards ?

« En toute intimité » avec maman

Quels sont, selon toi, les mots qui me définissent le mieux ?

— Imagination fertile, perfectionniste, goût du travail bien fait.

Original, généreux, franc, intègre, sensible, raffiné.

Quel est le premier souvenir que tu aies de moi ?

— C'était à ta naissance. Tu étais un petit bébé qui était bien gros, et pour cause ! Tu es resté dans mon ventre près de dix mois. Mais ce n'est pas ton gabarit qui m'a interpellée, ce sont surtout tes yeux : au lieu d'avoir les yeux bleus, comme tous les bébés, tu avais déjà les yeux noisette et ronds comme des billes. Ils étaient si grands, qu'ils me faisaient penser à des raisins de Corinthe dans un gros cake. D'ailleurs c'est comme ça que je t'ai longtemps appelé, mon « gros cake », ou « kéké » ou « kikou ». Oui, tu étais un beau petit cake !

Te souviens-tu de moments forts que nous ayons partagés ensemble ?

— Dernièrement, nous avons partagé des moments très forts. Je traversais une phase assez tourmentée, j'étais renfermée sur moi-même, et tu m'as invitée à m'ouvrir. Tu m'as dit que ce n'était pas normal que je taise mes difficultés, et cela m'a beaucoup touchée. Tu as souligné que, toute ta vie, j'avais été présente pour t'écouter, et que c'était à ton tour de l'être.

Nous avons toujours été très proches, mais j'ai l'impression que nous ne cessons de nous rapprocher, surtout depuis que tu t'es libéré du poids de certaines choses.

À l'âge de sept ou huit ans, tu me disais que quand tu serais grand tu aurais un château et que j'y habiterais avec toi. Il y a peu, tu m'as dit que dans ton prochain appartement j'aurais une chambre avec ma propre salle de bains et que je pourrais y séjourner un ou deux mois, autant que je le souhaite. Je n'oserai jamais, mais comme c'est beau que tu sois resté fidèle à tes rêves.

Te souviens-tu d'un moment où je t'ai fait particulièrement rire ?

— Tu as toujours été très fort pour les imitations.

Mais, récemment, tu m'as téléphoné, complètement paniqué, parce qu'il y avait une souris dans ton appartement. Je t'imaginais, debout sur une table, et moi, tout en essayant de te calmer, je me retenais d'exploser de rire !

Quel est mon plus grand défaut ?

— Le perfectionnisme qui, chez toi, vire au stress. Je pense que tes relations avec ton entourage en pâtissent parfois, mais au fond je sais que c'est toi qui en souffres le plus. Heureusement, j'ai l'impression que tu apprends enfin à te détendre.

Qu'aimerais-tu que l'on fasse ensemble ?

— Je rêve de passer une semaine uniquement avec toi, même si j'aime profondément ton compagnon, ma fille, son mari, et mes petits-enfants. Mais une semaine rien que toi et moi, une semaine de détente totale où l'on se parle, où l'on se tait. Mais je me dis que ce sont des choses qui ne se disent pas...

As-tu quelque chose à ajouter ?

— J'ai la conviction que depuis quelques mois tu es vraiment toi-même, ce doit être une « libération » pour toi, et j'en suis rassurée.

« En toute intimité » avec papa

Quels sont, selon toi, les mots qui me définissent le mieux ?

— Atypique, réservé, observateur, fin d'esprit, et très sensible au choix des mots…

Quel est le premier souvenir que tu aies de moi ?

— Lorsque tu avais trois ou quatre mois, tu étais un si beau bébé, les cheveux blonds plaqués vers l'arrière… Je t'ai surnommé Gatsby le magnifique…

Te souviens-tu de moments forts que nous ayons partagés ensemble ?

— Nous avons partagé de nombreux instants de complicité. Mais je me souviens particulièrement de journées à la plage, quand tu avais sept, huit ans. Comme je suis malentendant, je devais enlever mon appareil auditif avant de me baigner. En marchant vers l'eau, il m'arrivait de regarder les jolies filles et, pour me rappeler à l'ordre, tu me tirais les poils des jambes ! C'était une technique très dissuasive…

Te souviens-tu d'un moment où je t'ai fait particulièrement rire ?

— Tu as toujours eu des talents d'imitateur. À chaque fois que ta mère et moi invitions des gens à dîner, tu te tenais tranquille mais, une fois qu'ils étaient partis, tu t'en donnais à cœur joie, et imitais leurs tics de langage, leurs mimiques, l'intonation de leur voix. Cela me faisait beaucoup rire !

Quel est mon plus grand défaut ?

— Comme moi, au même âge, tu démarres au quart de tour ! L'impulsivité peut être un bon carburant, dès lors que l'on a conscience de parfois dépasser les bornes, et qu'on a le courage de s'excuser après. Aujourd'hui, j'essaie quand même de t'aider à être plus calme, comme mon père le faisait avec moi de son vivant.

Qu'aimerais-tu que l'on fasse ensemble ?

— J'aimerais partir une semaine, ou au moins un week-end avec toi. Peu importe l'endroit, que ce soit Los Angeles ou une petite bourgade, l'essentiel, pour moi, c'est que l'on soit ensemble. Je sais que tu es très pris par ta vie sociale et professionnelle, mais c'est vrai que j'aimerais beaucoup que tu m'accordes un petit moment – un petit moment sur l'échelle du temps.

Qu'aimerais-tu ajouter ?

— Lorsque j'ai appris ton homosexualité, j'ai tout de suite acquis une plus grande ouverture d'esprit. Tu as élargi mon champ de vision, je t'en suis reconnaissant et je suis fier de toi.

« En toute intimité » avec ma sœur

Quels sont les mots qui me définissent le mieux ?

— Généreux, authentique, franc, taquin mais jamais moqueur, drôle (quand tu te sens à l'aise, tu peux rire de tout avec beaucoup d'autodérision), à fleur de peau, extrêmement juste…

Quel est le premier souvenir que tu aies de moi ?

— Tu étais encore dans le ventre de maman, mais pour moi tu existais déjà comme une personne à part entière. J'avais quatre ans et demi quand tu es né, et je t'attendais avec grande impatience. J'avais décidé que tu t'appellerais Michaël, mais les parents en ont décidé autrement. Maman avait choisi le prénom Samuel parce qu'elle était fan de l'acteur Sami Frey. Finalement, je me suis acclimatée à ce prénom que je n'avais pas choisi.

Te souviens-tu de moments forts que nous ayons partagés ensemble ?

— Ton *coming out*. Je me doutais bien que tu étais homosexuel, mais je ne voulais pas te couper l'herbe sous le pied. Tu venais d'avoir dix-huit ans. Nous étions à la maison, avec ta meilleure amie Zelda. C'était extrêmement émouvant. Tu avais les larmes aux yeux, je savais déjà ce que tu allais me dire, mais je voulais te laisser parler. Tu m'as dit que tu étais gay, et tu m'as demandé si je continuerais à t'aimer malgré ça. Évidemment que oui ! Puis je t'ai demandé si tu étais heureux, et tu m'as répondu que c'était le cas, alors je t'ai dit que c'était l'essentiel. Cette confiance que tu as fait reposer entre mes mains, je ne l'oublierai jamais.

Te souviens-tu d'un moment où je t'ai fait particulièrement rire ?

— Les moments où tu me faisais le plus rire, c'était lorsque tu refusais de manger un plat sous prétexte que quelqu'un l'avait touché avant du bout de sa fourchette. Tu prenais alors un air écœuré, dégoûté, horrifié et tu faisais une tête tellement drôle ! J'en profitais pour te narguer en mangeant devant toi, tout en ayant l'air de me régaler et ça te faisait enrager. On s'est beaucoup taquinés, toi et moi. Oh ! et puis je n'oublie pas non plus les fous rires devant *Confessions intimes* ou *Vis ma vie,* et nos canulars téléphoniques ! Ça aussi, c'était quelque chose…

Quel est mon plus grand défaut ?

— Tu en as quelques-uns, comme tout le monde, mais je dirais ton impulsivité. Parfois, malgré toi, tu peux être un peu maladroit, voire blessant. Je sais qu'après coup tu t'en veux, mais je pense que, pour ton bien, il faudrait que tu parviennes à prendre plus de recul sur le moment.

Qu'aimerais-tu que l'on fasse ensemble ?

— J'aimerais d'abord que l'on fasse un grand voyage au bout du monde pour apaiser notre peur commune de l'avion. Mais j'aimerais aussi me lier à toi professionnellement, parce que je sais que nous avons tous les deux le même cheval de bataille : faire en sorte que tous ceux qui se sentent différents, pour une raison ou une autre, fassent de leur différence une force. J'aimerais que nos convictions s'unissent. Je ne sais pas exactement quelle forme cela pourrait prendre, il faudrait que l'on y réfléchisse, mais cela me tiendrait à cœur.

Qu'aimerais-tu ajouter ?

— Notre famille a ses défauts, comme toutes les familles, mais tout le monde a fait au mieux, avec les cartes qu'il avait à sa disposition. J'ai longtemps été en rébellion, je ne supportais pas que l'on essaie de me faire rentrer dans une case. C'était surtout vrai du côté de la famille de papa, où on laissait trop de place au qu'en-dira-t-on. Je pense que tu as souffert comme moi, et que ton épilepsie a été une façon pour toi de somatiser ton mal-être. C'est en cela que nous sommes si proches, toi et moi. Tous les deux, nous avons exprimé de deux manières différentes notre besoin de nous libérer du poids étouffant des normes.

« En toute intimité » avec Eden

Quels sont les mots qui me définissent le mieux ?

— Très stressé, très gentil, très poli, taquin, et attentionné.

Quel est le premier souvenir que tu aies de moi ?

— Un de mes plus anciens souvenirs avec toi ?! Ce dont je me souviens, c'est le jour où toi et ton ancien compagnon m'avez offert une robe bleue avec plein de fleurs de toutes les couleurs ! Il y avait un bandeau assorti. Je suis très coquette, et j'ai tout de suite trouvé cette robe très belle…

Te souviens-tu de moments forts que nous ayons partagés ensemble ?

— Le mariage de ma maman ! On était plus proches encore que d'habitude. Quand on est arrivés à la mairie, je me suis dirigée vers toi et ma grand-mère, et on a assisté à la cérémonie ensemble. J'étais un peu stressée parce que j'avais prévu de faire un discours, mais tu n'étais pas au courant, c'était une surprise…

Te souviens-tu d'un moment où je t'ai fait particulièrement rire ?

— Un jour tu m'as volé une Barbie et je l'ai trouvée dans les toilettes ! C'était vraiment étrange. Tu m'as expliqué que tu voulais la cacher pour me faire une blague et que, sur le chemin des toilettes, tu l'avais simplement oubliée là… Tu adorais cacher mes poupées pour me faire enrager, et ça nous faisait beaucoup rire.

Quel est mon plus grand défaut ?

— Tu es très susceptible ! Et quand tu t'énerves, tu cries beaucoup !

Qu'aimerais-tu que l'on fasse ensemble ?

— J'aimerais bien qu'on fasse des vidéos ensemble, ça me ferait très plaisir. On pourrait ensuite la montrer à nos proches et à d'autres gens. J'aime beaucoup faire des vidéos, parce que j'aime bien m'exprimer, et parler de choses drôles, comme lorsque l'on avait réalisé ensemble une vidéo de maquillage. Et puis, comme tu habites à Paris, j'aimerais aussi que l'on aille à Disneyland tous les deux.

Quelque chose que tu aimerais ajouter ?

— Je pense que tu es très sensible parce que des gens se sont moqués de toi quand tu étais petit, mais ces gens étaient des idiots, et moi, de toute façon, je t'aime.

« En toute intimité » avec Zelda

Quels sont les mots qui me définissent le mieux ?

— Enthousiaste, travailleur, stressé, généreux et drôle…

Quel est le premier souvenir que tu aies de moi ?

— C'était en cinquième. L'année scolaire avait déjà débuté, je venais de changer de collège, et j'ai déboulé en plein milieu d'un cours de sport. J'étais très petite, et la première chose que tu m'as demandée, c'est si je n'étais pas en sixième ! J'avoue que je n'ai pas trop apprécié ! Plus tard, en classe, tu as continué à me taquiner, tu me prenais ma trousse, tu me charriais, etc., et puis finalement, va savoir comment, on a fini par devenir les meilleurs amis du monde !

Te souviens-tu de moments forts que nous ayons partagés ensemble ?

— Un soir, en cinquième, je dormais chez toi. Nous

avions l'habitude de regarder des émissions TV en buvant du café toute la nuit, pour ne pas dormir. Ce soir-là, nous étions dans le salon, et une porte vitrée nous permettait de voir l'escalier. À un moment, il m'a semblé voir ton père descendre l'escalier, et tu as dit : « Tiens, il y a mon père qui vient. » Celui-ci avançait derrière la porte vitrée, on ne voyait pas réellement son visage, juste sa silhouette : un grand homme brun, habillé en costume – ce qui nous a étonnés, en pleine nuit. Jusqu'à ce qu'on comprenne que ce n'était pas lui… Nous avons eu tellement peur que nous nous sommes cachés sous le plaid. Quand nous l'avons retiré, l'homme n'était plus là. Le lendemain, tu as demandé à ton père s'il était descendu la nuit, et celui-ci a répondu que non.

Quelque temps plus tard, une amie de ta sœur Sabrina, qui détecte les manifestations un peu étranges (esprits et autres) est venue et a dit qu'elle sentait un spectre dans cette maison.

Toi et moi, nous n'oublierons jamais cette soirée. Nous nous sommes souvent demandé si nous n'avions pas halluciné, mais nous avons vu exactement le même phénomène, au même moment, et nous l'avons décrit dans les mêmes termes. Il est donc très peu probable que nous ayons rêvé exactement la même chose !

Te souviens-tu d'un moment où je t'ai fait particulièrement rire ?

— Oh ! Un jour, on s'est mis à jouer avec des ceintures abdominales électriques, tu sais, celles que l'on utilise pour se muscler ? Eh bien, on s'amusait à les poser sur différentes parties de notre corps pour voir l'effet produit. Est venu le moment où tu l'as posé sur ta joue. Quand tu l'as mise en route, c'était comme si ta tête avait explosé ! La peau de ta joue s'est complètement distendue et tu as poussé un petit cri. C'était magique…

Quel est mon plus grand défaut ?

— L'impatience, évidemment !

Qu'aimerais-tu que l'on fasse ensemble ?

— Je t'ai souvent entendu exprimer l'envie de faire un grand voyage dans un pays lointain, à l'écart du monde, proche de la nature et des choses simples. J'aimerais t'accompagner dans ce voyage initiatique…

As-tu quelque chose à ajouter ?

— Je sais que ton stress te rend malade, et je souhaite qu'enfin tu accèdes à plus de sérénité et que tu parviennes à davantage profiter de la vie.

« En toute intimité » avec Rita

Quels sont les mots qui me définissent le mieux ?

— Drôle, passionné, positif, indépendant et adaptable…

Quel est le premier souvenir que tu aies de moi ?

— Je m'en souviens comme si c'était hier. Nous avions en commun la même meilleure amie, Zelda. Un jour, elle nous a présentés. C'était dans un parc, par une très belle journée. Quand je t'ai vu arriver, je me suis dit que tu étais vraiment beau gosse et j'ai aimé la façon que tu avais de t'habiller. Tu renvoyais l'image d'un garçon qui avait vraiment confiance en lui. On a parlé pendant des heures, et à vrai dire, tu n'as pas arrêté de me poser des questions sur ma vie aux États-Unis. Ça te fascinait. De mon côté, j'ai été impressionnée qu'à ton âge tu saches déjà exactement ce que tu voulais faire dans la vie. Ton assurance a été un exemple pour moi.

Te souviens-tu de moments forts que nous ayons partagés ensemble ?

— Notre accident de quad à Dubaï ! Nous avions passé la soirée chez le cousin du cheik et, le lendemain, nous sommes partis avec les autres invités faire une excursion en quad. Il se trouve que c'est moi qui conduisais. On roulait à fond entre les dunes et, toi, tu hurlais comme tu n'avais jamais hurlé. Moi, je riais aux larmes, et plus tes cris étaient forts, plus j'accélérais, jusqu'au moment où j'ai perdu le contrôle. On a fait plusieurs tonneaux et avalé plusieurs litres de sable chacun. Heureusement, nous en sommes sortis sains et saufs et sans la moindre égratignure.

Te souviens-tu d'un moment où je t'ai fait particulièrement rire ?

— Tu me fais rire quand tu as peur, surtout dans les foires ou les parcs d'attractions. Un jour tu as tenté le grand huit au Parc Astérix. Notre ami Olivier avait eu la bonne idée de prendre une petite GoPro pour te filmer. Tes cris, qui venaient du fond du cœur, n'ont laissé personne indifférent, je crois que tout le monde, à des kilomètres à la ronde, t'a entendu hurler.

Quel est mon plus grand défaut ?

— Tu es très impatient. Avec toi, c'est toujours tout, tout de suite. Mais j'avoue que parfois ton impatience a eu des effets bénéfiques. Par exemple, à la Villa rouge, tu en avais marre de faire la queue. Alors, tu nous as pris par la main, Zelda et moi, en nous disant : « On s'en fout, on y va », et on est passés devant tout le monde, comme des rois, et quand les videurs nous ont vus arriver, ils nous ont laissés passer en souriant. Après ça, on n'a plus jamais fait la queue.

Qu'aimerais-tu que l'on fasse ensemble ?

— J'aimerais que l'on parte ensemble à Los Angeles pour rencontrer ton idole, Britney Spears. C'est bizarre, mais j'ai le sentiment que ça arrivera bientôt. D'une manière générale, j'aimerais partir en voyage avec toi n'importe où. Ta curiosité, ta capacité à t'étonner de tout m'émerveillent.

Qu'aimerais-tu ajouter ?

— Pour moi, tu es comme un petit frère, et c'est vraiment dur de vivre si loin de toi. Les gens qui me connaissent aujourd'hui seraient surpris de savoir tout ce que je te dois. Avant de te rencontrer, j'étais timide, introvertie. Ta joie de vivre, ton intensité, ta détermination n'ont jamais cessé de m'inspirer. Grâce à toi, j'ai appris à ne plus craindre le regard des autres et à ne plus avoir peur de mes émotions. Je sais que tu te trouves imparfait mais, moi, je te trouve parfait comme tu es.

« En toute intimité » avec Olivier

Quels sont les mots qui me définissent le mieux ?

— Naturel, généreux, et surtout, très drôle.

Quel est le premier souvenir que tu aies de moi ?

— Cela devait être en sixième. On s'est liés d'amitié assez facilement parce que tu adorais écrire des scénarios de films et te lancer dans toutes sortes de projets. Combien de films avons-nous tournés ensemble ? Je ne sais plus, mais je garde de ces tournages un souvenir magique. Quel dommage que nos vidéos aient été perdues. Et puis, ce qui nous a aussi rapprochés, c'est le fait qu'on aime tous les deux se lancer des vannes !

Te souviens-tu d'un moment fort que nous ayons partagé ensemble ?

— Le moment où l'on s'est réconciliés. Pendant près d'un an, nous ne nous sommes plus parlé, et un jour, tu es passé au magasin dans lequel je travaille à Montpellier et nous avons repris contact. Je n'oublierai jamais que c'est toi qui as fait le premier pas. À ce moment-là, on a vidé notre sac, on a joué cartes sur table, et on s'est rendu compte que toute amertume avait disparu. Malgré l'éloignement, rien n'avait changé entre nous.

Te souviens-tu d'un moment où je t'ai fait particulièrement rire ?

— Celui qui refait surface, c'est lorsque nous sommes allés à la fête foraine de Palavas. On avait décidé de tenter une aventure dans la « maison hantée ». Cette dernière était remplie de tueurs en série de films d'horreur genre *Scream*, *Massacre à la tronçonneuse* ou *Souviens-toi... l'été dernier* et bien d'autres, que tu connais par cœur. À l'intérieur, tous les tueurs en série t'ont pris pour cible, et tu es sorti au bout de trente secondes en courant dans tous les sens et en hurlant. Je ne t'ai jamais vu aussi apeuré de ma vie !

Quel est mon plus grand défaut ?

— Tu es colérique, même si j'admets que tu t'es calmé avec les années. Mais quand quelque chose ne te plaît pas ou ne va pas dans ton sens, tu n'hésites pas à faire un scandale et à claquer la porte.

Qu'aimerais-tu que l'on fasse ensemble ?

— Passer une journée entière dans un parc d'attractions à sensations, juste pour le plaisir de te voir et de t'entendre crier tout du long !

Qu'aimerais-tu ajouter ?

— J'aimerais juste te voir un peu plus souvent. Avant que tu deviennes une personne publique, on passait beaucoup de temps ensemble, et cette proximité me manque, même si je suis très heureux que tu aies réussi à réaliser tes rêves.

« En toute intimité » avec Stéphanie

Quels sont les mots qui me définissent le mieux ?

— Drôle, sensible, tête en l'air, têtu, foufou, perfectionniste, bosseur.

Quel est le premier souvenir que tu aies de moi ?

— On s'est rencontrés quand j'ai intégré l'équipe d'une webradio. Au début, l'ambiance était assez froide, mais dès que nous nous sommes vus, la magie a opéré. Nous avions des chroniques croisées, et on avait des fous rires à chaque émission. Au fur et à mesure, on est devenus très proches, peut-être à cause de notre passion commune pour *Amour, Gloire et Beauté*, mais aussi à cause de tout un tas de projets. Moi, c'est simple, quelle que soit ton idée, je suis partante !

Te souviens-tu d'un moment fort que nous ayons partagé ensemble ?

— Un soir, comme souvent pendant l'émission,

on a branché nos caméras pour se filmer et faire nos montages par la suite. Il se trouve qu'on avait fait une chronique spéciale et que l'on portait des perruques. Tu avais un chewing-gum dans la bouche, et tu le mâchais comme une vache, mais tu ne t'en rendais pas compte. Le producteur de l'émission te l'a fait remarquer, et tu as pris une mine outrée. Le lendemain, on a visionné les rushs, et là, énorme rigolade. Franchement, ta performance aurait pu te valoir un oscar !

Bon, et puis je n'oublie pas non plus tous les moments passés en voiture à chanter comme des casseroles sur Lara Fabian et Céline Dion.

Te souviens-tu d'un moment où je t'ai fait particulièrement rire ?

— Un jour, j'étais en voiture avec ma mère, et tu m'as appelée, complètement paniqué : il y avait, soi-disant, une énorme souris dans ton appartement. Tu m'as dit de venir tout de suite chez toi. Moi, j'ai essayé de te calmer, mais tu hurlais tellement fort que la souris a fait une crise cardiaque, elle est morte sous tes yeux ! Moi je pensais que tu serais soulagé, mais non : tu as continué à crier ! Ma mère t'a dit de prendre un balai, une pelle et de jeter la souris à la poubelle, mais c'était au-dessus de tes forces. Alors, moi, bonne copine, j'ai accouru dans ton appartement, et découvert une souris minuscule…

Quel est mon plus grand défaut ?

— Tu veux tout contrôler et ça te rend malade. Rien ne doit être laissé au hasard, et au moindre changement, tu pètes un câble.

Qu'aimerais-tu que l'on fasse ensemble ?

— Un truc que j'aimerais vraiment faire avec toi, c'est partir en camping-car aux États-Unis pendant un mois. Je pense que tous les deux on aurait de belles anecdotes à raconter en rentrant.

Qu'aimerais-tu ajouter ?

— En te rencontrant, je me suis un peu rencontrée moi-même. On est très différents l'un de l'autre, tout en ayant beaucoup de points en commun. La distance n'a rien changé à notre relation. Je sais que, si l'un de nous a le moindre coup de blues, l'autre saura lui remonter le moral, car chacun de nos échanges est à la fois riche et léger. Ta légèreté a toujours été pour moi comme une bouffée d'air frais.

« En toute intimité » avec mon amour

Quels sont les mots qui me définissent le mieux ?

— Extrêmement drôle, très sensible, fidèle, méthodique, engagé, déterminé…

Quel est le premier souvenir que tu aies de moi ?

— Quand je t'ai vu pour la première fois, ça a tout de suite été le coup de foudre. J'ai cru voir un ange : ton sourire en coin, tes yeux pétillants, ta petite frimousse de blondinet m'ont fait craquer. Quand je rencontrais quelqu'un, de prime abord, j'étais réservé, très timide, mais là, c'était une évidence, j'étais bien et à l'aise à tes côtés. Au premier regard j'ai tout de suite compris que quelque chose de spécial nous attendait. Aujourd'hui, j'ai l'impression que je suis né avec toi et que je t'ai toujours connu, et cette sensation se renforce chaque jour, alors que notre histoire d'amour grandit. Qui aurait cru qu'après ce premier regard, nous n'allions plus jamais nous quitter ?

Te souviens-tu d'un moment fort que nous ayons partagé ensemble ?

— Le décès d'un de mes proches les plus chers. Toi et ta famille avez été très présents. Il n'y a qu'avec toi que j'arrive à parler avec autant de facilité de cette perte, qui fut pour moi la plus grande déchirure de ma vie. Même avec mes frères et sœurs, je n'y arrive pas. Mon plus grand regret, c'est que la vie ne nous ait pas laissé assez de temps pour que vous puissiez vous rencontrer. J'aurais tellement aimé que les deux êtres qui comptent le plus pour moi ait eu une chance de se parler, de se voir… Le destin en a décidé autrement, c'est ainsi, j'apprends à le respecter et à le comprendre.

Quel est mon plus grand défaut ?

— Ton pire défaut, c'est de ne pas savoir t'arrêter de travailler, parce que cela génère beaucoup de stress et a énormément d'impact sur notre vie de couple. Petite anecdote : la première fois que je m'en suis rendu compte, c'est quand j'ai dû t'amener en catastrophe aux urgences. Nous étions censés être en vacances, à Noël et, comme à ton habitude, impossible pour toi de te mettre en pause. Résultat : on t'a diagnostiqué un ulcère à l'estomac. Je me souviens aussi de cette fois où, a la maison, tu a perdu connaissance, comme ça, au beau milieu de notre salon. Je sais que tu fais toujours les choses à 1000 %, quitte à risquer ta santé, mais moi, je veux te préserver. Il faut que tu apprennes à ménager du temps pour tes proches et pour toi.

Te souviens-tu d'un moment où je t'ai fait particulièrement rire ?

— Tous les jours tu me fais rire. Je vis avec toi et j'ai la chance de voir celui que tu es dans l'intimité, et que tu n'oses pas encore être à l'écran (bien que tu commences à te dévoiler de plus en plus) : tu danses, tu fais des parodies, tu plaisantes, tu as énormément de second degré. Quand nous avons commencé à sortir ensemble, tu me faisais des shows à la *The Voice*, sans aucun filtre. Dommage que le public ne te connaisse que comme un intervieweur qui maîtrise à merveille son activité, car tu as tellement d'autres facettes extraordinaires et atypiques à montrer !

Qu'aimerais-tu que l'on fasse ensemble ?

— Je ne vois plus ma vie sans toi. Il est évident que je souhaite me marier avec toi, avoir des enfants, et que nous construisions notre petite famille. Contrairement au mythe de Platon, j'ai eu la chance de trouver ma moitié, et si la vie est une aventure, je veux la partager avec toi jusqu'au bout. Tu es l'homme de ma vie.

As-tu quelque chose à ajouter ?

— Au tout début de notre relation, je me cachais. Parfois, je ne voulais pas qu'on sorte dans la rue et qu'on nous voie. Aujourd'hui, c'est l'inverse. Dans la rue, c'est moi qui insiste pour qu'on se tienne la main. J'ai grandi dans un environnement où l'homosexualité n'avait pas vraiment sa place. Mais j'ai l'intime conviction que je vais finir ma vie avec toi. Le cadeau que tu m'as donné, c'est celui de m'assumer, de dire la vérité.

CONCLUSION

Pour Devenir qui je suis

Avez-vous remarqué ce qui se cache derrière le titre de ce livre, *Pour Devenir qui je suis* ? Regardez-le attentivement… Alors ? Lorsque j'ai commencé à réfléchir à mon projet d'ouvrage, j'ai ressenti le besoin impérieux d'y voir figurer ces initiales. « PD ». Depuis le plus jeune âge, cette insulte m'a collé à la peau, et longtemps on m'a fait croire que cette « différence » était une honte. Cette insulte, que les autres ont autrefois braquée sur moi comme une arme, j'ai eu besoin de me l'approprier, de l'écrire, pour mieux la brandir au-dessus de ma tête avec fierté, comme un trophée. Ce n'est pas juste une façon de m'affranchir de son poids, c'est aussi une manière d'accepter mon histoire.

Quoi qu'il arrive, ne laissez pas les autres, quels qu'ils soient, écrire votre histoire à votre place. Soyez, toujours, l'auteur de votre propre vie et ne laissez personne décider pour vous de ce que vous devez ou devriez être.

Pour devenir qui l'on est, il est important de regarder droit devant, vers l'avenir. Pour cela, il est indispensable d'examiner attentivement les nœuds et blocages de son passé, afin de ne pas se laisser alourdir par celui-ci, de s'en affranchir.

Qui sommes-nous véritablement, au fond ?

À l'heure des réseaux sociaux et devant la frénésie avec laquelle les informations circulent et se périment, il paraît de moins en moins évident de répondre à cette question universelle.

Peu importent mes peurs, mes doutes et mes « erreurs » : sans eux, je n'aurais jamais fait tout ce qui constitue ma vie aujourd'hui. Je n'aurais pas créé ma chaîne Youtube, je n'aurais jamais eu à mes côtés une si bienveillante communauté de fidèles, je n'aurais pas écrit ces lignes non plus, je n'aurais pas compris tout ce que je comprends aujourd'hui…

Pour moi, devenir qui l'on est, c'est avoir conscience que chaque jour nous sommes en développement, que chaque jour nous n'en finissons pas de nous transformer, d'évoluer, de nous élever. Nous ne sommes pas des êtres figés et immuables. Pareils à une rivière, nous sommes animés par un mouvement perpétuel.

Vous voulez devenir musicien ? Médecin ? Professeur ? Patron de votre entreprise ? Youtubeur ? De quoi avez-vous vraiment envie, professionnellement ? Et sur le plan personnel, désirez-vous être généreux, jaloux, heureux, envieux ? Chaque jour de notre vie, consciemment ou non, nous sommes amenés à faire des choix, et c'est la somme de tous ces choix qui nous conduit à être qui nous sommes.

Si, un jour, vous avez l'étrange sensation de ne pas être sur le bon chemin, et que votre vie ne vous apporte plus les satisfactions que vous méritez pourtant, prenez le temps de vous éveiller au monde qui vous entoure et de vous ouvrir aux désirs et aux rêves qui sommeillent, si profondément, au fond de vous.

Accordez-vous la liberté d'explorer des horizons que vous ne connaissez pas.

Allez là où ne vont pas les autres.

Osez.

Nagez à contre-courant de vos peurs.

Le bonheur et la réussite se cachent partout.

La peur n'est pas nécessairement toxique, elle peut aussi être le carburant miracle qui vous aidera à faire démarrer le moteur et à vous lancer sur la route de tous les possibles.

Je ne sais pas de quoi sera fait demain, mais cela ne me fait pas peur. La peur de tout perdre ne viendra jamais à bout de mon envie de vivre. Il n'y a rien dont je sois certain, rien, sauf de deux choses : le meilleur est toujours à venir, et la différence est un cadeau.

Remerciements

Travailler à l'élaboration de cet ouvrage depuis plus d'un an a été pour moi un cadeau de la vie. Un cadeau qui m'a permis d'en apprendre plus sur moi-même et sur mon rapport aux autres, à mes peurs, mes doutes, mes envies et mes intuitions.

Maman, papa, comment vous dire combien je vous aime et combien je vous remercie de m'avoir naturellement offert les cartes que vous m'avez distribuées pendant tout le processus de mon éveil au monde. Ce livre, il est aussi à vous, il est aussi pour vous.

Mon amoureux, toi qui m'as connu quelques mois avant la création de ma chaîne Youtube et qui as vu toute cette incroyable aventure défiler sous nos yeux. J'ai conscience que cette vie atypique n'est pas celle que tu aurais choisie, et pourtant, tu es si patient, tu me comprends et tu acceptes depuis le début de me partager parce que tu sais que, mon métier, c'est ma vie. Je veux que tu saches une chose : toi aussi, tu es ma vie.

Et toi, Pierre, l'être de l'ombre à la main de lumière, merci pour toutes les fenêtres verrouillées depuis tant d'années que tu as réussi à me faire ouvrir. Nous sommes si différents, et malgré ça, lors de notre toute première rencontre, la justesse de tes mots et de ton analyse m'a ému aux larmes. Tu as su m'accompagner dans ce projet avec tant de délicatesse, hauteur et passion. Tu as su dompter et apaiser le grand stressé que je suis.

Pauline, je suis admiratif de ta patience à mon égard (et il en faut) et de ta capacité d'adaptation à toute épreuve durant le processus de création.

Caroline, ou la reine des couvertures, c'est grâce à ton œil avisé et bien aiguisé que tu as su conférer à cet objet son aspect unique.

Dans son ensemble, et pour ses valeurs, merci HarperCollins pour votre confiance : Sabrina, Mathieu et tous ceux qui ont permis à ce livre de voir le jour. Cette maison d'édition créée par deux frères imprimeurs en 1817, devenue une mégastructure à l'international et qui conserve pourtant toute sa simplicité et sa proximité avec ses auteurs. Dès le début de nos échanges, comme pour un coup de foudre, ce fut une évidence pour moi que de vouloir avancer avec vous dans ce projet littéraire si personnel.

À mon équipe de choc, les annonceurs de cœur,

toutes les personnes avec qui j'ai pu travailler ou collaborer depuis le début de cette aventure : merci.

J'ai une pensée pour toutes les personnes que j'ai connues jusqu'à aujourd'hui, que j'ai rencontrées, que j'ai pu croiser, que j'ai aimées, avec lesquelles j'ai échangé ou partagé des moments à une période de ma vie, avec qui je ne suis plus forcément en contact ou avec lesquelles j'ai pu avoir des désaccords. C'est grâce à la somme de toutes ces rencontres, et c'est dans la richesse de tous ces échanges, quels qu'ils soient, que j'ai grandi.

Mes abonné(e)s, non abonné(e)s, curieux(ses) de passage et fidèles de longue date, toutes et tous, sachez que vous m'aidez au quotidien à m'améliorer, à me remettre en question et à apprendre. Il n'y a pas une seule journée où je ne pense pas à vous. Si vous saviez comme je suis fier de voir que nous avançons et évoluons ensemble. Si vous saviez la force que vous me donnez chaque jour. C'est votre amour, votre soutien et votre bienveillance qui me permettent d'être encore là, malgré mes crises de panique et mes envies parfois de tout arrêter. C'est le meilleur de ce que vous m'offrez que je retiens.

Composé et édité par HarperCollins France.

Achevé d'imprimer en octobre 2019.

CPI
FIRMIN-DIDOT

à Mesnil-sur-l'Estrée (Eure)

Dépôt légal : novembre 2019.

Pour limiter l'empreinte environnementale de ses livres, HarperCollins France s'engage à n'utiliser que du papier fabriqué à partir de bois provenant de forêts gérées durablement et de manière responsable.

Imprimé en France